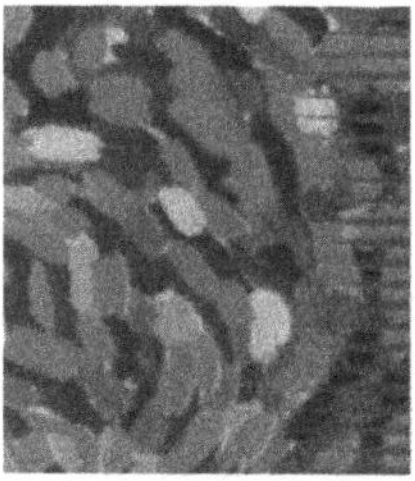

ハイデガー＝存在神秘の哲学

古東哲明

講談社現代新書

目次

文献略号表

無印＝『ハイデガー全集』(*Gesamtausgabe*. 巻数と頁数のみ（60-112）のように表記）
SZ＝『存在と時間』(*Sein und Zeit*)
BZ＝『時の概念』(*Der Begriff der Zeit*)
US＝『言葉への道の途上にて』(*Unterwegs zur Sprache*)
N＝『ニーチェ』(*Nietzche*. 巻数はⅠ、Ⅱと表記)
SG＝『根拠律』(*Der Satz vom Grund*)
VA＝『講演論文集』(*Vorträge und Aufsätze*)
ZD＝『思索の事柄へ』(*Zu den Sachen des Denkens*)
TK＝『技術と転回』(*Die Teknik und die Kehre*)
GL＝『放下』(*Gelassenheit*)
（なお S. は原典のページ数であることを示す）

プロローグ――この世と出会い直すために

存在の消失

どれだけの時間、ぼくたちは今日、この世の光景をみつめたろうか。ぬけるような青空に、どれだけ深くみほれたか。地べたの存在を、どれだけ感じとっただろう。他者がそこにいる。その〈いる〉ということそのことを、どれほど身近に感じたか。のみならず、こうしていま地球上に生きているご自分の存在を、どれだけ間近に感じたろうか。三日月の切っ先に視線を飛ばしたか。セミしぐれに身を浸したか。ビルが路上に落とす影の存在に、目をひらいたろうか。

つまりは、この宇宙が生起する現場に、どれだけリアルに立ち会ったか。

とてもすくない。そういわなければなるまい。

この世の存在を、森の輝きや風の存在を、ぼくたちはことさら感じることなく生きる。むしろ、そんなことに気どられることこそ、異様。生き生きとした生活の停滞。懸命に生きていない証拠。そう思っていさえする。

この世の存在に目をとざすこと。死んでいるのではなく、この世に現にいまこうして生きている自分の存在に、思いをはせないこと。存在の事実などわすれ、それと触れあわないこと。そんな暗黙の禁制システムが、今日も自動的に発動し、ぼくたちの一日をつくりあげているように想われてならない。

どうしてそんなことになったのか。なぜ、今日というひと日の存在を、それとして味わうことを避けて生きるのか。あるいは気づかぬよう、なにかに仕組まれ、追い立てられるようになったのか。

その理由は、のちにくわしくのべる。近代（モデルネ）という禁制システムと、ふかくかかわるはずである。この本は、まさにそんな禁制システムを破って、ことさら〈在る〉という事実を味わうために書かれた。

存在はどんな味か

それにしても、なぜか。なぜあえて、存在を味わおうとするのか。

いきなりいってしまうが、とほうもなくうまいからだ。至高の味がする。極上ワインの百兆倍。この世のものとは思えないほどだ。極度にありえないことがありえている。そんな香味さえただよう。それを一瞬でも味わえば、あらゆる問題が消えてしまうほどだ。

極度にありえないことが、なのにありえていること（稀有）。この世ならぬものが、にもかかわらずこの世に実現していること（奇蹟）。それを、「神秘的」と形容することは、ゆるされよう。

ならば、存在は神秘の味がする。

この本の意図は簡単である。存在を味わうこと。そして、存在が神秘の味（意味）をおびていることを、どなたもじかに確認していただくこと。よって、あらゆる問題を解消していただくこと。ただそれだけである。

なにを寝ぼけたことをいう！　存在。これほど無意味なものもない。しかも、はかなくむなしい。存在への吐き気（サルトル）。在ることの耐えがたい軽さ（クンデラ）。存在の禍悪（レヴィナス、シオラン）。それが、混迷と不安の現代を生きるぼくたちの常識だろ。存在から目をそむけ、存在の彼方へ視線をとばす現代人のつらさや悲哀を、おまえはわかっちゃいない。しかも神秘だなどと、イカガワシイぞ！

そんなおしかりの声が、とんできそうである。

もちろん、まずはそうかもしれない。

存在不安からの出発

こうして生きて在ることの、どうしようもない不安や哀しみにかられたことは、どなたにもあるだろう。在ることの無意味さ、はかなさ、よりどころのなさを、呪った記憶さえおありかもしれぬ。

なぜ生まれ、なんのために生き、そして死ぬのか。死んでどうなるというのか。永遠の闇がつづくとでもいうのか。存在にまつわるそんな難問を考えあぐね、気が狂いそうになった遠い日々もあったかもしれない。

死ねば永遠の虚無。この世に二度ともどれない。永遠に消える。一万年や三兆年ですむはなしじゃない。ほんとにズーッとズーッと、この地上世界から消滅する。

その焦点をむすびようもない虚無の痕跡をおもうとき、だれにだって恐怖が襲う。食事はのどをこえなくなる。家族も友人も、学校も職場も、街角も、未来の夢も、美しい夕映えも、社会の行くすえもなにもかも、すべて色あせ、どうでもいい。そう、おもわれてならなかったはずだ。なんの疑念もなく平然と、笑みをうかべて生活できている周囲のひとたちが、まるで異星人のようにすら、おもわれたにちがいない。

途方にくれ、最後にでてくるせりふは、きまっている。

「この世は無意味。存在は虚無。生はむなしい。生きていてもツマラナイ」

そうではなかったろうか。つらいときだ。

だが、生きて在ることのそんな否定的な味（無根拠・無目的・無常）自体が、じつはそのま ま、こうして生まれ、いま生きて在り、いずれ消え去るぼくたちの存在の事実を、最大限に肯定する理由でもあるとしたら、どうだろう。存在の否定性（無根拠・無目的・無常性）とは、存在のとほうもない肯定性（充溢・輝き・祝祭性）の別名だとしたら、どうだろうか。

もしそうであれば、在ることなんてツマンネー、人生など無意味、どうせ死んで虚空に消えるだけじゃネーかと、そう言い切ってクサッていること自体、もっと先にある悦びへいたる道を、ふさいでいることにならないか。

地面にけつまずいて転倒する。だが、起きあがるとき手をつくのも、おなじ地面。なのに倒れたまま、せっかくの支点であり地盤であるはずの地面におののき、毒づき、這いまわっているようなものだ。

倒れたそこに、ぐっと手をついてみられたらいい。けつまずいた、いまわしいおなじ場所が、支えの場所へ静かに変容していくはずだ。

どんな暗雲も銀の裏地をもっている

気やすめのつもりはない。とても簡素な事実を指摘しているまでである。

たとえば、どしゃぶりの雨のなか。鬱勃とした黒雲から、冷たい雨がふりそそぐ。こころのなかまで、びしょ濡れだ。泣きたくなる。

だが、のどの渇きが水の実在のたしかな証拠であるように、暗雲は、晴天の存在のけっして裏切ることのない証拠である。「どんな暗雲も、銀の裏地をもっている(Every cloud has a silver lining)」(英国の諺)からだ。

雨のち晴れ。そんな凡庸な前後関係をいっているつもりはない。飛行機に乗り、ふりしきる雨をついて飛びたてば、すぐにおわかりになるはずだ。漆黒の雲の反対面は、いつも青空。雲は白銀色にかがやいている。コンビニ同様、三六五日休みなし。黒雲それ自体がそのまま同時に、はれやかな白雲の存在を、確実に告げていることになる。

それとおなじように、さしあたり暗い存在の否定的な表面とは、存在のとほうもなく明るい肯定性(以下、そのことを**存在神秘**となづけよう)の裏面なのだ。だから、存在不安に襲われる体験とは、気づけば、存在神秘に襲われる体験の徴候にほかならない。

存在をちょっと口にすると、最初、まずは暗い苦みや渋みが襲う。ふつうここできびすをかえす。だから存在不安で終わる。だが、さらにぐっと呑みこんでほしい。暗雲に飛びこんでみられたい。存在の否定味そのままで、至上の肯定味(存在神秘)へ変容していくはずだ。

《存在は虚無だからこそ神秘》。この、奇妙な反転のロジックを、どなたにも得心していただけるようにしるすこと。それが、この本の骨組みになっている。

不問にされつづけてきた哲学の根本問題

そんなこの本を書くにあたり、なにより導きの糸になったのは、ハイデガーである。ハイデガーに言及することを縦糸や推進力にして、この本は編まれている。

だが、それにしてもなぜことさら、ハイデガーなのか。

理由はじつに簡単。こんな存在の味（意味）について、まともに考え、ちゃんと応援してくれる哲学者は、かれひとりしかいないからだ。

くりかえすことになるが、ぼくもあなたも死ぬ。その死のとき、こうして生まれ、この世に存在し、そして死ぬことの意味を得心して死にたいとおもう。すくなくとも、ぼくはそうおもっている。

哲学。それはまさに、そんな得心のための思考のいとなみのはずである。とりわけ存在論とはそんな、人間のみならず万物が〈在る〉ことへの、だれもがおもいいだく疑念をはらすいとなみだったはずである。「在ることへの問いかけ」。それが哲学であり、とりわけて存在論であったはずだ。

だが、にもかかわらず、哲学の歴史をみるとき、ぼくたちのそんな質朴だが痛切な問題に、こたえてはこなかったようにおもわれる。

むろん、精密な「存在理論」ならあった。だが、〈存在への問い〉にすこしもこたえているとは思われない。思われないどころか、そもそもそんな問いかけのそぶりすらない。ないどころか、〈存在への問い〉自体が欠落してしまっている。存在の問題が、いつのまにか希釈され、学問的な秩序や体系の犠牲にされてしまっているといってもいい。

生きて在るって、どういうことだろう。この世はなぜ存在するのか。そんなこの世にぼくが存在しているのはなぜか。そしていずれ存在しなくなるとは、どういうことなのか。そう問うたその日その場にまとわりついた、あの不安の影や、悲しみや、恐怖の匂いが、きれいさっぱり、かきけされてしまうのである。

この本は、そんな「存在への問い」をもういちど掘りおこしながら、それにこたえていこうというものだ。

ハイデガーは終わった?

もうおわかりだろうが、そんな存在への問いの掘りおこしはそのまま、M・ハイデガー（一八八九—一九七六）の哲学をたどりなおす作業と、かさなる。ハイデガー以外、こんな質朴な問題を、学問の俎上にあげて論じた哲学者はいないからだ。かれがひたすら問うた問題のあまりの質朴さゆえに、ひとはハイデガーの哲学がなんだったのかも忘れてしまっているほどだ。なんということだろう。なんという怠慢。

これほど正面から、これほどひたすら誠実に、在ることを問題とした哲学者はいなかったのに——もしいるというのなら名前をおしえてほしい——。なのに、ある別の要因によって、この世から葬りさられようとさえしている。

「もうハイデガーは終わった」。「ナチ党員ハイデガー」。「言葉遊びの哲学者」。「本来性の戯言（ジャーゴン）」。「不倫教師ハイデガー」。「ポストモダンの黒幕」。「存在の黙示録」。「根源哲学への先祖帰り」。そんなキャッチフレーズで、すっかりハイデガー糾弾の包囲網が、はりめぐらされてしまった。

一応、すべてただしい。

不倫男だった。しかも同時に二人と。ナチスにもいかれた。本気で。まるで外国語のようなドイツ語をつかった。おもわせぶりな言葉づかいもかれの特技。言葉遊びだとか、秘儀めかした黙示録だとからかわれても、しかたはない。くそまじめに、おなじことばかり、くりかえし語りつづけたのも事実だ。そんなに巧みな言葉の使い手だったとも、ぼくは想わない。根源だとか、本来性だとか、自己変容だとか、本質だとか、ロゴスだとか、死だとか、真理だとかに、終生こだわった。最後にはまさに「最後の神」さえ登場する。まるで古色蒼然としたハイデガー・ワールドである。いかにもそのようにみえる。

だが、非難や糾弾はもうそれくらいでいいだろう。

遺稿『哲学への寄与』(苛烈なナチズム批判も随所にとびだす一九三六―三八年の手記)をはじめ、たくさんの未公刊文書があらわれた。待望の初期文書や講義録もほぼでそろった。不倫相手との問題の恋文集(『手紙一九二五―一九七五年』。H・アレントとの往復書簡集)も登場。ハイデガーのくわしい伝記もあきらかになった。謎めいたその執筆流儀の秘密も判明した。

もう隠しだてするものなどほとんどない(手記遺稿『エルアイクニス』や『省察』などいくつかの資料が待たれる程度)。ハイデガー神話は崩壊した。これからが本格的なハイデガー研究のはじまりである。批判や継承はそれからでも、遅くはないだろう。もう十分に遅すぎるからだ。

語られざるハイデガー

というのも、おびただしい新資料から見返してみるとき、ハイデガーの正体や、その著作のほんとうのねらいや、かれのいう「存在」や「エルアイクニス」や「存在の真理」や「根源的時」などの根本思想について、これまで、ほとんど学ばれたことなどなかったことが、わかってきたからだ。理解もしていない思想を、烈火のごとく非難したり、うやうやしく祭壇にまつりあげたりする茶番劇が、くりかえされてきただけである。

責任の一端は、ハイデガーにもある。

のちにくわしくのべるよう、かれはそもそも、ふつうの哲学書のように、中身がびっしりつまった思想体系を、提出したつもりなどなかったからだ。みずから正直に何度もいうように、ハイデガーは「道」をこしらえただけ。ある究極地点へ読者みずからが歩いていくための、道路をつくっただけだ。

その道は、「形式的指標」(die formale Anzeige) でできている。つまり、存在神秘という極点を「かたちばかり指標するにとどめる叙法」で、編みあげられている。

だから厳密にいえばハイデガーは、自分の思想内容を盛りこみ表現した書物など、一冊も公刊していないのである＊。かれの書物には〈何〉が書いてあるのかさっぱりわからない。そうよく嘆かれたのも当然である。肝心なことなど〈何〉も直接書いていないからだ。

それについて語りがたいから、なんていう平凡な理由からではない。ソレについて語ってもしかたがないからである。たとえていえば、月世界旅行のようなもの。月世界の凄さについてべらべらしゃべる。できないわけじゃないが、それではたんなる自己満足。そんなことより重要なのは、ぼくたち読者を実際に月面へ運ぶことである。月面に降り立てば、月世界の凄さはすぐにだれにも、わかるからだ。

そのためには、月への行路を示す必要がある。あちこちに遮蔽幕や障害物があるから、それを破壊したり、除去したりすることも必要である。なにより、宇宙船に乗りこむぼくたちの体質改善が必要。自己変容トレーニングもやらなければならない。

そんな、月世界へぼくたちも行くための準備と宇宙船と行路図。それが、ハイデガーが提示してくれた道(著書)なのである。ハイデガーは、ナチ問題について沈黙しただけではなかった。そもそも自分の思想そのものについて、沈黙したわけだ。プラトンの場合と、それは同様。すでに二九歳の時からの、かたい決意である。

糾弾の包囲網を正面から受けとめ、かつ粉砕し、この「語られざるハイデガー」を、つまりハイデガー哲学の原景を掘りおこしながら、存在神秘の哲学を、どなたにも実感できる言葉で書きしるすこと。それが、この本の具体的な内容をかたちづくっている。

＊ ハイデガーは〈自分の〉決定的な思想を、なるだけ漏らさない出版をしてきた。不承不承に少しずつ間隔をおきながら、講義録や講演録しか出版してこなかった。一九二七年に、まるで寄せ木細工のようなしかも未完の『存在と時間』を出版してから、ほとんどずっとである。死後はじめて、それまで人目にさらされなかった〈書き下ろしの自分の文章〉が登場した。ハイデガー解読はこれからだといったのは、そんな意味でもある。

第一章——生の実感

泣かないでください。この世が楽園です。ぼくたちはみんな楽園に住んでいるのです。
ただ、それ知ろうとしないだけなのです。

（ドストエフスキー『カラマーゾフの兄弟』5-1-2）

1　存在を問うとはどういうことか

存在は見捨てない

存在ほど身近なこともない。

生まれてこのかた、存在したことのない日など、どなたにもないからだ。遊べなかった日や、夢がなくなった時はあるだろう。だが、存在をしなかったことなど、一瞬たりともないはずだ。病のときも、あらしの夜も、恋におぼれた日も、憎みあうときも、意識を喪失したときも、存在だけは欠かせない。宮殿に寝起きしようと、ホームレスだろうと、存在だけはひとしくあたえられている。なんにもしていないときにも、存在だけはしている。どんな孤独なときでさえ、存在だけは寄りそう。すべてに見放されても、存在だけは見捨てない。たとえ漆黒の宇宙空間にほうりだされたとしても、そうである。

死の間際にさえ、ぼくたちは存在するほどだ。というより、存在しているから死ぬ、死ねる。あたりまえのことではあるが、存在していなければ、死はない。存在は、生ばかりか、死の前提ですらある。

その意味で、存在ほど間近で、不可欠なこともない。だからこれほどつねに、しかも深いところで、ぼくたちに触れあっているものもない。そんなはずはないと、そう否定するためにも、最低、存在だけはしていなければならないのだから、そういうしかない。

存在ぬきには、一切が、一瞬も、成立しないのである。

存在がすべてのベース

だからたとえば、存在のさらなる起源や前提を想定してみても、議論はかならず破綻する。たとえば神。神がすべてを在らしめる、神こそ存在の起源であり根拠だという主張。だがそのばあい、存在の起源のはずの神でさえ、みずからの存在そのことは前提せざるをえない。存在を欠落させた神など、それこそ存在しないことになるからだ。

いや、神は「自己原因」(causa sui)、みずからの存在をみずからで生みだす者。そんな逃げをうってもたんなる詭弁。自己原因なる神が〈存在〉するといっているかぎり、問いの連鎖は無限につづく。

ならばと、たとえばビッグバンをもちだしても、おなじことだ。宇宙成立の起源としてのビッグバン。そのビッグバンが成立するためには、そもそもビッグバンが〈存在〉しなければならない。宇宙の起源を、先立つなにかにもとめても、その先立つなにかの〈存在〉

がまたぞろ前提とされてしまう道理。神の想定と、事情はいっしょである。

だから、存在がすべてのベースである。すべてとは、文字どおりである。宇宙も神もモノもヒトも意識も死も生も、なんなら死後にあるという他界や天国や地獄でさえ、もしそれらが〈在る〉というのなら、存在を前提とするというにひとしい。だからくりかえすが、存在が生死にわたって、ありとあらゆることとの成立前提であり、土台である。

あらゆることが成立する前提やベースのことを、究極根拠《アルケー》とか至高《カミ》ということは、ゆるされるだろう。ならば、**存在が究極根拠であり、至高である**。

そんな不可欠で至高で、しかもなにより身近なこと。

それがこの本のテーマ、つまり存在である。だから、これほどぼくたちに間近で触れあっている問題もないし、これほど根本的な問題もない。根本的というのは、この問題が解決しなければ、それ以外の問題はすべて未完成で未解決におわる、ということである。宇宙の起源や、神の信仰よりも、深い次元の問題なのだから、そういうしかない。

そういうしかないはずなのに、しかしなんと奇妙なことだろう。存在についてほど、ぼくたちが無知なこともない。冥王星の深層まで知りはじめたサルなのに、存在についてはほとんど無知。無知というより、すっかり忘れている。まるで背後におちる影。あまりに間近で自明すぎ、かえって見失っている。見失っていることも忘れている。忘れていることも忘れている。せいぜい、存在など無意味、無根拠、無目的だと、現代人のジョーシキをもちだしてくるのが、せいいっぱい。そうではないだろうか。

そんなことはない！　そう反論なさるだろうか。

ならば、こころみに問うてほしい。

たとえば、リンゴの存在はどんな味ですか？

リンゴの存在の味

リンゴの味ならどなたもよくご存知だろう。甘かったり、まずかったり、酸っぱかったりする。だれもが知っているあの味だ。

では、リンゴの〈存在〉はどうだろう。リンゴの味じゃないよ。リンゴがたとえば食卓の上にポツーンと在る。その在るってことそのことの味である。どんな味がするだろう？まずいだろうか。甘いか、しょっぱいか。虚しい現代風の味、まさに無気味だろうか。

リンゴでなくてもむろんいい。リンゴを食べているご自分の〈存在〉でもいい。ネコの存在でも、町の存在でもかまわない。なんなら森羅万象ひっくるめて、この世界や宇宙が在ることとそのことの味でも、おなじこと。ひとであれ、モノであれ、宇宙であれなんであれ、なにかがいまこうして〈在ること〉の味。つまり存在の味(意味)。それを賞味されたことがおありだろうか？　あるとしたら、それはどんな味だったろうか。

じつはよくご存じないのではないか？　なんとなくわかっている。「存在感のある人だ」とか、「別れてはじめてあなたの存在の大きさを知りました」、なんてあたりまえのようにいうのだから、それなりにわかってはいるはずだ。

だが、ことさら存在の味（意味）はどうかと問われたら、あいまいな闇のなかにかすかな記憶が消えていくだけ。そんなもどかしさを、感じられるのではないか。

オントロギッシュなサルなのに

さて存在論。それは、ふだん味わい忘れたそんな存在の味を、しかもおそらく至高の味を、あらためて問い直し、味わおうとする学問的工夫だとまずはいっておこう。ついでにいっておけば、人間だけだ。存在を理解したり、味わったりできるのは、宇宙ひろしといえども、ぼくたち人間だけである。人間だけがいわば〈存在を存在することができる〉。

石ころやカブト虫などの他の生物や物体は、ただ存在するだけである（「ただ存在するだけ構造」nur-Sein とハイデガーは名づけた）。が、人間はこうしてこの世に存在していることとそのことに開かれ、存在と接触しながら存在している（「存在関与構造」zu-Sein という）。つまり、存在を反芻しながら存在する。

この人間固有の能作のことを、**存在理解**とか、**開示性**という。そして、〈存在にかかわること〉を、**存在論的**（オントロギッシュ）と形容する。存在ではなく〈存在者（モノ）にかかわること〉を、**存在的**（オンティィッシュ）となづける。

社会や言葉を持つ動物はほかにもたくさんいる。アリだってイルカだってそうだ。だがオントロギッシュ（存在関与的）な生物は唯一、人間だけである。だから、人間は社会的動物であるとか、言葉を持つ生き物であると定義していては不十分。人間の独自性にとどかない。人間は存在論的動物。オントロギッシュ化したサル。そういわなくてはならない。

せっかくオントロギッシュ化したサルなのにしかし、存在理解の能作（開示性）はその名に反し、ふだんは未発。ひそかに、かすかにはたらくだけ。ほとんど休眠状態である。

もちろん、ひそかに眠ったままで、生活に支障はないよ。でもそれじゃ、脳ミソ肥大のただのサル。ちょっと寂しい。

だから、人間固有のこの能力（存在理解力／開示性）をフルに発揮し、存在に覚醒しようというのが、これからお話する存在論である。ふだんはほとんど眠っているからこそ、あえてそれを目覚めさせる存在論などという、工夫や手続きが必要になるわけだ。それに、超能力かもしれない。存在のほんとの味を知ることが、ぼくたちの変哲もない人生や世界を黄金色にかえるかもしれないから。そうなれば、存在論とはまるで人生の錬金術だ。

なぜ在るのか

だが、それにしても不可解だ。なぜこの世界や宇宙が在るのか。なぜ万物が在り、そしてぼくたち人間が生きて在るのか。なぜ、むしろきれいサッパリなんにも無いのではなかったのか。草木も、鳥も、地球も、宇宙空間も、あなたも、なにもかもが。

「なぜモノがあるのか、むしろ無〔なんにもない〕ではないのはなぜか」（ライプニッツ）

「《なにかが存在する》ということはどこから来たのか」（ベルクソン）

「在る。無はない」（パルメニデス）

そんなかたちで、遠いむかしから、問われつづけてきた哲学の難題である。

むろんこの問題に、事実的な因果関係で答えることは簡単だ。つまり、なにかが存在することに先立つ起源とか原因へさかのぼり、たとえばビッグバンや元素や神やDNAといった、それもまたひとつの〈存在者〉を想定する説明方式である。神話ばかりか、現代科学も当然のように採択している、とてもモダンな説明方式である。

だが、この方式は最初から破綻している。さきに簡単にのべたように、なにかの存在の根拠や理由や目的を、それに先立つ〈在るもの〉（存在者）にもとめても、ではその先立ってある存在者が〈在る〉のはなぜか、なんのためなのか、という問いがいつまでものこり、問題は無限に先送りされるだけだからだ。オントロギッシュな問題をオンティッシュな問題に、いつのまにかソッとすり替えてもいる。因果論とはその意味で、思考停止にみちびく巧妙な装置。すくなくとも存在問題にかんしては、そういわなくてはならない。

存在論の基本定式

大切なところだから、もう一度くりかえしてみよう。今度は静かにゆっくりと。

「なぜ、なにかが存在しているのか。

むしろ、なんにも無いのではなかったのは、なぜなのか」

これが存在論の基本定式である。いうまでもなく、とても奇妙な問題だ。ものが在り、この世が在る。そんなことはあたりまえすぎるからだ。すくなくともふだんの生活現場では、問題にもならない。無意味。なにより不毛な問題だ。飢餓で死にそうな子供たち。ほしいのはリンゴだ。リンゴの〈存在〉なんかじゃない。存在を味わっても死ぬだけだ。

そのことは今はゆるされよ。だがかりにこの問題に答えようとしても、奇妙な困難におちいる。答えようがないからである。「なぜ小鳥たちは空を飛べるのか」。「なぜアフリカ経済が破壊されたのか」。そんな問題に答えるようには、答えられない。存在者にかんする問題（オンティッシュな問題＝存在以外のすべての問題）なら、さきにのべた因果論的な説明方式で説明がつく。科学的なリサーチをかさねれば、原理的に解答可能である。

じっさい科学はありとしあるモノについて記述してくれる。そして、そのモノがどのようにして、ほかのモノからひきおこされたのかについて、因果論的な解明をあたえてくれる。宇宙のなりたちについても、生命の誕生過程や起源についても、ハッブル宇宙望遠鏡による精密な観測データや、先端物質科学の実験成果などを駆使しながら、じつに詳細で明解な説明をしてくれる。それはそれで正解にはちがいない。それにとてもおもしろい。

だが、そうした科学的調査や研究をかさねても、「なぜ存在者が存在しているのか、むしろ無ではないのはなぜなのか」について、答えることができない。たとえば、ビッグバンがなぜ起こったかまで、科学は説明できない。もっと正確にいえば、「なぜビッグバンが存在したのか、そしてむしろビッグバンが無いのではないのはなぜなのか」、という問題に答えられない。ようするに、なぜこの宇宙が存在しなければならなかったのかという根本理由や究極目的に、答えられない。科学を責めているのでは、まったくない。そもそも科学は、そんな問題（存在問題）に答える言説方式ではない、ということである。

存在をそれ自体として問う

ならばほかの方式はどうか。たとえば宗教。「神がビッグバンをひきおこし、この宇宙を造った」。「神が遺伝子をこさえ、生命活動を最終的にコントロールしている」。

そう説明してくれるかもしれない。

だがその場合にも、おなじようにたずねるしかない。神が宇宙の存在を可能にしたとして、では「なぜ神は存在するのか、そして神が無いのではなかったのはなぜなのか」、と。もうおわかりだと思うが、存在の起源なるものを想定し、さらに先立つ〈なにものか〉（存在者）をおけば、その起源なすなにものかの〈存在〉は、なぜなんのためなのかという問いが、いつまでも連鎖的に続き、解答をひきのばすだけの結果におわる。つまり、なぜなんのために万物が存在するのかわかりませんと、結局はいっているだけだ。

「なぜ在るか。存在とはそもそもなんなのか」

この問いに答えるには、もはやなにか先立つ〈在るもの〉（存在者）にうったえず、あくまで〈在る〉という事実そのことだけに即し、存在それ自体で、だから存在をその自律性と内在性において、考えるしかないだろう。それがそもそも、哲学が問題とする存在への問い、つまり存在論である。ではならば、〈在る〉とは端的にどういうことなのか。

存在の奇妙さ

だが、ストレートに存在そのことを問おうとしても、すぐに奇妙な矛盾にでくわす。存在は、さまざまな意味で、その反対項のはずである無の性格をおびてくるからである。

存在というくらいだから、当然、存在するものだと思って考察しようとするのだが、まるで無い。なにもかもが無い無いづくしになってしまう。色は無い。形も無い。重さも、手ごたえある実体も無い。終わりも初めも無い。根拠も理由も起源も、むろん無い。「なにも無いこと」(Nichtigkeit) だけが、その正体であるかのようだ。まるで幽霊である。

モノ(存在者)なら目の前に現われる。だから、物体や画像や意味概念として把握できる。見神さえ可能だ。保存も記録も可能。つまりさまざまな仕方で所有できる。

所有できるから、それを制御したり、他者にあたえたり、意味づけたり、理由や規範を付したり、細工したりできる。だから逆にいえば、モノは、無くなったり、無用になったり、消えたり、悪化したり、無意味化したり、壊れたりするということである。

この、持つという形式で接近できるモノのありようを、以下、**所有モード**と名づけよう。

一方、存在はどうか。存在はモノ(存在者)ではない。モノではないから、現前しようがない。現前しないから、それを所有(記録・捕捉・所持・記憶・保存・把握)することができない。所有できないから当然、失いようもない。財布を落としましたと警察に届け出ることはできるが、財布の〈存在〉を紛失しましたと届け出るわけにはいかない。なぜならそもそも財布の〈存在〉を、ぼくたちは所持などしていないからだ。つまり存在は、所有の対象にならない。存在を、どんなかたちであれ、持つことなどできないということだ。

むろん目前のリンゴの存在なのだから、すぐに手にとれるほど間近に〈在る〉ように思える。たとえば愛しいひと。手をのばせばその柔肌にふれることができる。しかとかき抱き、はげしい抱擁をかさねることも可能だ。だが、それは糞尿袋。モノなる肉体である。どんなにきつく抱きしめても、愛しいそのひとの〈存在〉を抱きしめることはできない。指一本、触れることすらできない。肉体関係はできても、存在関係はそんなことではできない。〈存在〉はモノではないからだ。

存在は、接触・所有・保存・紛失・離脱・把握・記録・破壊といった、「存在者」にならない適用可能な接近法《アプリケーション》の、つねにかなた（「存在者のかなた」プラトン）に生起する。だから、所有モードで接近することは、原理的に不可能。もっといえば、そもそもぼくたちの対象（面前に対して立つ表象像）にすらならない、ということである。

幽霊のゆくえ

とすれば、対象にならないその存在に、意味を〈与え〉たり、規範や理由や目的を〈持たせ〉たりすることは——人間のがわが勝手に持たせたつもりになることはできるとしても——、最初から、存在の正体をとりにがしていることになる。リンゴにレッテルは貼れるが、リンゴの〈存在〉にどうやってレッテルを貼ったらいいのか。存在は所有モードにかからない。存在は、ただひたすらソレであるしか〈ありよう〉がない、ということである。直接ソレであるしかソレに接触できないありようを以下、**存在モード**と名づけよう。

現にあなたは、ご自分の存在すら持つことができない。ただ直接ソレを生きるしか、自分の〈生で在る〉ことなどできないはずだ。ましてや、そんな存在〈に〉、レッテルや値札を貼るように理由や目的や根拠を与えたり、持たせたりできるはずがない。リンゴの存在は、リンゴという物体とは決定的に次元がちがう。値ぶみもきかないし、カロリーや滋養成分を測定するわけにもいかない。

存在と存在者とのあいだの、この決定的な区別のことを**存在論的区別**という。その意味で、存在〈に〉理由や目標や価値が欠けていると嘆く現代病——つまり虚無感に撃沈されるニヒリズム体験——は、リンゴの〈存在〉にレッテルが貼れないと嘆き、ののしるようなものだ。現代ニヒリズムとは、存在論的区別を無視したことからおこる思考の混乱だと、あるいは値札を貼ることに慣れた生活習慣病だと、いまは冷たくいいはなっておこう。

とはいえ、現れているようで隠れてしまう存在。在るようで無い。つかもうにもつかめない。かじろうにもかじれない。まるで透明人間や幽霊のような〈存在〉の現れよう（無くなりよう）。ふだん見失われ、忘却されても当然だ。かりに、なんらかのきっかけで、自分の〈存在〉やモノゴトの〈存在〉に気づいたとしても、幽霊みたいなものだから、まずは無気味さや不安をあたえ、ぼくたちを虚無的想いにかりたてて、あたりまえである。だからそんな存在の味を問う存在論。右足で右足の影を踏むようなトリッキーさにみちている。あるいは、最初から難破することを約束された船出のようなものだ。そうとうの覚悟をしても、まともにはすすめない。だからどうしても道案内が必要である。

さいわい、強力な助っ人がいてくれた。ハイデガー。すこしかれのことに触れはじめることにしよう。といっても、この本はハイデガー研究書ではない。ハイデガー哲学の緻密な解釈や紹介はできない。するつもりもない。かれのえがいた足取りや海図を、ぼくなりのやりかたでたどり直し、裁ち直してみるだけである。その哲学の原景にせまるには、こんな変化球しかないことも、やがてはっきりおわかりになってくるだろう。

2　この世の旅人――なぜハイデガーは宗教から離れたか

火星からの来訪者

「この世になじめなかった人」

ハイデガーのことを思うと、まずはこんなセリフがでてきてしまう。まるで宇宙人。その語る言葉のキテレツさ。ほとんどディス・コミュニケーションしかもたらさない。親友

ハイデガー（1920年）

メダルト・ボスさえ最初はそう思ったという（『ツォリコーン・ゼミナール』木村敏他訳、viii頁）。「ゼミナールのこのような状況はしばしば、一人の火星人がはじめて地球人の集団に出会い、かれらと理解しあおうとしているのではないかという空想を、よびさました」。

考えてもみられたい。ハイデガーがまずとりかかった本格的な仕事は、「生の事実性」の考察である。**生の事実性**（「事実的生」ともいう）とは文字どおり。ぼくたちがこの世を生きているという、じつに簡素な事実のことである。ごく日常の変哲もないこの世の光景、そして人の世の営み。それを、まるで宇宙人がはじめて眺めるかのようにみつめることで、ハイデガーはその哲学生活をスタートした。

月からやってきたかぐや姫を思われたい。それは身はこの世にありながら、想いはこの世にとけ込めぬまま、地上の光景や生活をのぞきみるような、態度だ。ぼくたち地球人にはごくあたりまえのこの世のいとなみや、生存の風景が、とても奇異で、じつに新鮮な驚きにみちたものにうつったろう。

そんな心持ちでハイデガーもまた、ぼくたち人間がこの世の内に生きて在ること（この時期には「世界内生」とよんでいた。もちろんのちの「世界内存在」の先駆形）を、あるいはこの世の光景を、考察しようとするのである。「事実的生の経験の哲学」とか「事実性の解釈学」といわれるそれが、かれの最初期の思索である。じつに異様だといわなければならない。

孤独な地球語

その言葉づかいも変わっていた。当人はただ、なるたけ手垢のついていない言葉で、読者や受講者自身の思索を喚起しようとしただけだが、採択された単語をみても、その文章のながれをみても、わかるようでよくわからない。第二章でくわしくみるように、「形式的指標」法で語ったことが、おおきな原因ではあったろう。

形式的指標法とは、読者にことがらを伝えたり説明する書き方ではなく、読み手がわの思考改変をせまり、読者自身がじかにことがらに接触するようしむける喚起叙法である。ことがらを直接叙述しない。なにを思考し、どのように考えなければならないかは指し示す。が、あとは自分で考えろ、答えは自分で出せ式の叙述スタイルである。

当然、読み手側の思考負担が大きいだけに、にわかにわかりづらい。あいまいさも残す。当時のよき理解者であり、親友であったはずのヤスパースでさえ、ついにあきれていう。

「結局私にはよくわからない」。熱気は感じる。なにか大切なことを語ろうとしていることもよくわかる。でも結局、なにがいいたいのか。それがわからなかった。そう手紙で正直に告白している。同じ気持ちは、おそらく多くの人が感じたろうし、今でもその事情にかわりはない。地球語で地上のことが書かれている宇宙人の著作。そんな印象さえある。

この世の旅人

そのまるで宇宙人のようなハイデガー。そのかれが、これまたエイリアンのような少女と、恋におちた。エキゾチックな顔だちの美少女ハンナ・アレント。ユダヤ系の十七歳の女学生。頭脳明晰にして、その存在だけでビンビンとあたりにオーラをはなったという。

むろん不倫。のちのゴシップのネタになるエピソードだが、この世になじめなかった者同士のなけなしの契りあい。当時の恋文書簡集をみても、その後五十年間にわたる奇妙な往来関係をみても、地上の尺度ではとても採寸できないスケールや不条理さにみちている。エイリアン同士の磁力関係。そうぼくは解釈している（純潔の少女を食い物にした卑劣な教師という解釈ではどうもわりきれない。アレント自身はハイデガーのことを「太古の人」といっていた）。

アレントばかりではない。ユダヤ系の若者たちが、やたらハイデガーに魅せられている。若きレヴィナスがそうだ。マルクス哲学研究者のマルクーゼも、メルロ＝ポンティも、のちのデリダや詩人パウル・ツェランもそうだろう。ハイデガーがまいったのもユダヤの少女なら、ハイデガーにまいったのもまたユダヤ系の青年たち。「この世の旅人」(旧約聖書「詩篇」119-19)を自称するのがユダヤの民の系譜。おなじいわば異星人感覚がそうさせたのだろうか。のちのナチズム問題をみるときにも、忘れてはならない論点だ。

もちろんそのエイリアン的感性や発想は、ユダヤ人の若者たちばかりではなく、「一九〇五年の青年たち」(第一次世界大戦前後に青春時代をおくった不安と傷心の若者たち)にも、おおいにうけた。あたりまえのようにいまここで生きているこの世界の存在、事実的な生。それをことさらみつめようとする、ハイデガー哲学の気風や発想に感電した。アテネの青年たちを魅了した、まるでソクラテスのようだ。そういえば、「異人さん《クセノス》」とか「痺れエイ」と、ソクラテスもあだ名をつけられていた。

ハンナ・アレント

どうしてそんなひとになったのか。ハイデガーだって最初からエイリアンではなかったはずだ。じっさい敬虔で伝統的な信仰家庭に育った。野暮ではあるが従順な優等生。この世の生の事実ではなく、あの世の永遠の生(信仰世界）を至高としていただいていた。みずからも将来は、神父になることを夢みていた。

そのかれが、どうしてこんなことになったのか。神学システムからの離脱問題が、深くからんでいたと思われる。それは、西洋の文化やしくみ全体への異議申し立てだといっていい。といっても、最近よくいわれるように（たとえばR・ウォーリン『存在の政治』小野紀明他訳など）、急進的保守派の文化人たちからの影響などということとは、だいぶちがうはなしだ。さいわい、この時期の伝記的な事実も、書簡や書きものも、たくさん公開されてきた。これまで不分明だったそのあたりの事情に、まずはこだわってみよう。

主著『存在と時間』がなぜ書かれなければならなかったのか。その必然性や背景も、あきらかになるにちがいない。それにより、現代存在論のマイル・ストーンである『存在と時間』を、これまでとはまったく別の角度から読み解く準備も、できるはずだ。なによりぼくたちだれをも襲うあの存在不安の体験が、存在論や、さらには存在神秘へめざめていくための、たいせつな招待状であることが、くっきりわかってくるはずだ。

ベルエポックと神学的ねむり

はじめに、世界への素朴な信頼があった。南ドイツの深々とした田園地帯に、カソリック教会（聖マルティン寺院）の堂守の子として生まれた。質素な生活。だが世界は満ちたりていた。伝来の信仰がそれを補強した。秀抜な学業成績。当然のように神学生の道を歩む。将来の神父職を夢みる俊英だった（ヘーゲルもディルタイもニーチェもじつはそうだが）。

ちなみにハイデガーは、エッフェル塔とともに生まれている。チャップリン、ウィトゲンシュタイン、コクトー、エリオット、トインビー、ネルー、ハッブル、マルセル、そして因縁のヒットラーたちと、同年（一八八九年）生まれである。まさにベル・エポック。西洋先進国が、平和と物質文明の繁栄を享受した黄金時代に、ハイデガーは誕生している。

だが、世界とののどかな信頼と調和の関係はもろくも崩れさる。病気と戦争が引き金になる。まず一九〇九年秋、最初の心臓発作（神経性心臓病）。死が濃厚に影を落とす。よくあること。とはいえ、弱冠二十歳で将来の夢（聖職の道）を断たれた。死の床をつきつけられた。この事実は重い。生老病死の不安問題が以後まさに肉体に刺さった〈棘〉となる。

だがそれでもなお、むしろかえって、勤勉実直な神学徒でありつづけた。そのまなざしはいつも「彼岸的な生の価値」にむけられていた。肉体はこの世にありながら、たましいはどこか背後のむこうの世界へ渡ってでもいるかのようなのだ。一九一〇年に書かれた書評論文に『死を通じて生へ』（per mortem ad vitam）がある。表題からは、それまでの彼岸志向が反転し、この世の生の現実へもどったかとみまごうが、ちがう。たとえばいう。

「もしあなたが精神的に生きようとし、あなたの至福をたたかいとろうとするのなら、汝死すべし。あなたのうちにある低俗なものを死滅させ、超自然的恩寵をもって活動したまえ。そうすればあなたは甦るだろう」(16-5)

ここで求められている「生」とは、彼岸の永遠の生。汚濁の地上世から、彼岸世界を仰ぎみる、オーソドックスな「他界への視線」が強調される。彼岸が〈本当の生〉であり、現世など、「生の彼岸の価値からの転落」(13-3)にすぎないからだ。身はこの世にありながら、思いは遥かかなたの永遠の生ばかりにむけられている。ひたすら月をめざす宇宙飛行士のようなもの。反近代人とかれを評するむきもあるが、むしろ反地球人なのだ。

だからたとえば後の著作『ヘーベル——家の友』にみられるような、この地上世界の生こそ至高とみて、まるで月(=家の友)の彼方から愛おしむように、こちら「家」なる地上世の光景をふりかえるといった「他界からの視線」(宇宙からの帰還者の眼)は、まるでない。

西洋の没落/ファイナルとしての死

だが、そのあとのことである。一九一一年と一九一四年。そしてさらにその翌年。つづけざまに心臓発作に襲われる。おそらく今度は、死すれすれの生を生きているようなここちだったろう。もう、月面他界に到着したようなここち。

そして、それに追いうちをかけたのが、第一次世界大戦である。

第一次大戦とはいうまでもなく、ヨーロッパをまっぷたつに分断する大戦争。九〇〇万人の兵士が戦死（ドイツは一八〇万人）。二〇〇〇万人以上が負傷。飢餓、インフルエンザ、虐殺などで、九〇〇万人以上の一般市民が犠牲になった。つまり有史以来、最大の消耗戦。大量殺戮科学兵器（戦車、毒ガス、戦闘機、機関銃）がはじめて使用されたからだ。電球や映画や飛行機が発明された栄光のベルエポックのなかで進歩した、科学技術の皮肉。

しかも、〈後進国〉アメリカの参戦によって、ヨーロッパの紛争が解決をみる。西洋の自主性と理知性の威厳は失墜。全世界に、「西洋の没落」を印象づけるにたる事件だった。

当然ではあるが、青年ハイデガーも、そんな時代の混迷と不安の渦のなかに、投げこまれる。存在不安や、ニヒリズムの想いが襲来。西洋精神とその歴史や文化をささえてきたはずの、伝来の宗教システムへの根本疑念が、忽然とわく。すばらしき世界。そう思われていたキリスト教信仰体系という名の月世界。それはよくみれば、クレーターだらけの不毛な土地。「生きた精神」が凍結する、まさに死の世界にすぎぬと痛感する。

そのことを、J・オーウェル風にいえば、最終最期の死（death as a final）の実感ということになろう。死でおしまい。なんにもない。来世だとか、死後も続く永遠の生だとか。それはおとぎ話、気やすめのイデオロギー。死は、もうそれでそれっきりのほんとの終わり。苛酷な事実。だから、求めた至高や聖なるもの。そんなものがこの世のかなたに浮かんでいるわけがない。そんな絶望認識である。その心境をハイデガーは、「生の領野は残骸の野原」と、詠っている（詩歌「慰め」一九一五年三月。16-36）。

神学的ねむりは破られた。彼岸にむけられた視線は、しっかりと、残骸だらけのこの生の大地にむけられる。むろん、不安と戦乱の渦巻く、この現世の大地にである。

驚異中の驚異、あるいは存在の感触

だが、その極限の不安と、ほとんど同時ではなかったかとおもう。初期書簡や初期講義録の痕跡のなかに、憶測するしかないのだが、極限的不安といわば刺し違いのようなかたちで、ある決定的体験が、落雷のようにハイデガーを直撃したようだ。

もともとが神学青年。身につけた宗教的瞑想法も、それに拍車をかけたろう。故郷メスキルヒ近郊のボイロン修道院にて、本格的な深い瞑想生活に入ることもあったかれ。それはときとして、まずはほとんど死者ででもあるかのような境地＊へ誘う行法だったようだ。

べつだん特殊なことではない。瞑想行とは洋の東西をとわずもともと、生体を可能なかぎり死体に近づける擬死化《メレテ・タナト》の技法。意図的に絶望認識と死滅心境をつくりだす。かれが「思索と人生の師匠」としたエックハルトの言葉でおぎなえば、「そのときもはや肉体感覚はない。この世では死んだも同然である」（『離脱について』）、ということになろうか。

さて、死を極限まで思うそのメレテ・タナトの行法がこうじたある日。ハイデガーは、最終最期のあるなにかを、しっかりつかむ。度重なる発病。そのほとんど生を揮発されたような神学徒生活のなかで、しかも戦争で残虐の野原と化した焦土のなかで、むしろだからこそかえって、それまで見失われ、忘却されていたものがあぶりだされてきた。

それが、さきにのべた「生の事実性」である。「この生が存在するということ」(Sein des Lebens)。そう、初期講義録では、わざわざいうこともある (60-243)。

生の事実性。だから、死んでいるのではなく、あくまで現にこの世に生きて在ることそのこと。そんな生や世界の存在に、はじめてありありとでくわす。そしてあらためて驚く。「驚異中の驚異、つまり存在者が《在ることそのこと》を経験する」(9-307)。

なにごとも、失ってはじめてありありとわかるものだ。死が失うものは生、そしてこの世の存在。戦争が奪うのもまたおなじ。そんな死や戦争を媒介にしてはじめて、生が生として実感され、この世の存在の地肌にふれることもできるという道理である。

もちろん言葉にすれば陳腐な言い方にしかなりはしない。しかし気づいた当人には、とんでもない悦びがはじけとぶ体験だ。**存在忘却の根本体験**（存在の凄さを忘れていたことの痛切な体験）とのちにいわれるそれ。『存在と時間』が、それゆえにこそ書かれなければならなかったといわれるそれ。それは、まさしくハイデガー自身におきたできごとである。

おそくとも、第一次大戦が終結する一九一八年までのことではなかったろうか。

＊　あからさまに語ることを嫌うかれは、ブロッホマン宛書簡では、「夜」と簡素に表記する。「ぼくたちがほんとうに存在するためには、たえずこの夜の根源力の中へ入り込んで、脱けていかなければなりません」（一九二九年九月一二日）。

此岸回帰のはじまり

その時期の特定はむつかしい。が、いくつか論拠をあげよう。

ハイデ（Heide）というドイツ語がある。「異教徒」にして「荒野」を意味する。この「ハイデ」を冠し、「マルティン・ハイデ」をペンネームにするのが、一九一五年。さきにひいた詩歌「慰め」が最初である。正統キリスト教からの離反がはじまっていたとみたい。

それから一九一六年春。教授資格論文『ドゥンス・スコトゥス論』印刷にあたり、終章に加筆をしている。あたらしい響きがある。「生」とか、「生きた」という言葉が、一二頁のあいだに、二十三回もでてくる。研究のあとをふりかえり、「ある種の致命的な空虚さ」をおさえきれず、「生きた精神」を強調する。哲学は、知識をかき集める作業ではなく、「リアルな現実と現実の真理とへの突入」であり、「教会の有する真理財産」にいこっていてはならない。そうのべて、「生の歴史的（＝地上的）な精神」を力説する。友人たちにカソリック体系や教会慣習への激しい批判をしていたのも、だいたいこの時期である。

また、一九一六年作の詩歌「ラインへナウ島での夕べの散策」(13-7)。夏の日のボーデン湖で遊んだときの、生ける自然への陶酔が歌われている。それは、生の事実やこの世を、〈この世ならぬもの〉と感じるほどの高揚体験だったようだ。だから「永遠から贈られた」とも形容する。陶然とさせるその体験の最終的由来先の「永遠」が、〈生ける自然〉をさすのか、〈彼岸〉なのか。そこは判然としないのだが、まぎれもないこの現世の自然世界で味わう豊麗体験だったことは、たしかだ。

宇宙自然の働きと、神学システムとの訣別

ロシア革命のおこった一九一七年夏には、シュライエルマッハーの『宗教論』を精読している。翌年の講義(全集六〇巻)にもとりあげる。シュライエルマッハーのこの『宗教論』の影響も、すくなく見積もってはなるまい。そこでは、彼岸ではなく、「宇宙自然の働きの

ボーデン湖の夕陽

世界」こそが至高の領野(神や宗教の次元)とされているからだ。そしてそんな「宇宙自然を直観し、宇宙自然と合一すること」に、宗教の本質や目的を、みているからである。

シュライエルマッハーにとり、宗教は、特定の神への信仰とか、彼岸や死後の世界の実在への信念といったものとは、まるでことなる。「宗教は、**宇宙自然がここにこうして存在して働いている**のだという直接経験から、どこまでも離れようとしない」。宗教のもっとも普遍的な公式は、「宇宙に聴き入り、幼子のようにものごとを受容する態度で、宇宙の直接の影響にとらえられようとすることであり、宇宙に充たされようとすることである」。だから「宗教は、無限なる宇宙自然を受けいれる感性」。そうすらいわれる。

ポイントは、宗教がどこまでも此岸の生の事実としておこる体験にもとづく、ということである。もっとはっきりいえば、この現実世界のできごととしての〈宇宙自然〉に思いを寄せる態度が宗教、ということだ。「有限なモノのなかにすがたをみせる宇宙の働き」を、実感をともなって体験すること。「世界におけるすべてのできごとを、神の働き(=宇宙自然)と考えること」。だから当然、神(至高)とは、思弁的な認識によってではなく、じかに直接にこの大地自然のなかを生きて感じとるもの。そしてそんな此岸なる無限者(宇宙自然)にたいする「絶対的な依存の感情」。それこそ宗教の本質。だから、教義とか律法なんかではなく、個人が現実のこの生の事実のなかで実感する宗教体験こそ重要。おおむね、そういうことである（以上、『宗教論』第二章「宗教の本質について」、高橋英夫訳、筑摩書房）。

そんなシュライエルマッハーの〈生の哲学〉的な立場に、ハイデガーも深く共感している。かつては、そんな個人的宗教体験に基礎をおく信仰を、痛烈に批判していたハイデガーがである（「宗教心理学と下意識」16-18）。かれの「変身」がおこっている。そう考えたい。

そんないきさつがあって、いまでは有名になった、かの司祭にして友人のクレープス宛書簡がだされる。これは長男イェルク洗礼にあたり、それを拒否するために書かれた。

「ぼくはこの二年ほど、自分の哲学的立場を原理的に明確にしようと努力し、その他のあらゆる学問的な個別課題を、脇へ押しやってきました。だがその結果、哲学とかかわりない束縛をうけているかぎり、ぼくとしては信念と教説の自由を確保できなくなってしまったようです……ぼくには、カトリシズムのシステム（神学体系）が問題をはらんでおり、もはや受け入れられないものになってしまったのです」

一九一九年一月一九日のことである。

生の事実性への帰還／精神的な生の実現

以上、それほどはっきりした論拠はないのだが、ぼくはこの頃あたりに、かれの至高体験（存在神秘体験）が起こり、現実世界（生の事実性）へ帰還したと解釈している。現実世界への帰還とは、来世や永遠の生といった伝統的な神学システムの「神学素」(＝死を最終としない信念)を、きれいさっぱり捨てたということだ。捨てたというより、むしろ不要になったといったほうがいい。屋根(至高)の上に、さらに屋根(至高)はいらないからだ。

さてそのうえで、此岸に確認した神聖空間や至高性を語りうるとしたら、それはどのようにしてか。これが、ハイデガーのつぎの課題となる。そこで、神学にかわって登場したのが哲学である。哲学にかれは、これまでとはまったく別の至高へ導く活路をもとめる。別の至高を目撃するぼくたち人間のあり方。先にのべた言い方でいえば〈存在を存在する〉という仕方で存在理解の能作をフルに起動させるあり方。つまり「生が生自身をもつこと」(60-246)、あるいは「現存在(生)が自己自身に対して目覚めていること」(63-15)。それをこの時期、**精神的な生**とか**実存**と名づけている。たとえばこんなふうに。

「精神的な生がふたたび現実のものとならなければならない。〔中略〕それが〈衝撃をあたえ〉ほんとうの再起をほどこす」(ブロッホマン宛書簡一九一八年六月一五日)

そんな精神的な生(実存)は、だれもが実現できる。なにせぼくたち人間はオントロギッシュなサルだから。その、だれもが実現できる精神の生を喚起する作業。それにより、各人の「精神革命」、「自己変容」をほどこす装置づくり。それが、かれの考える哲学の具体的な課題になる。初期の「事実的生の解釈学」は、その最初の冒険だった。そこに、おそらく一九二四年だと想うが、時の問題と死の問題とが緊密に連結され(『時の概念』)、自己変容装置(=哲学)のプロトタイプができあがり、『存在と時間』の現象学によって一応の完成をみる。そして大きな回り道のあと、後期の存在神秘の思索道となっていく。

乱暴にいえば、それがハイデガー哲学のあらすじである。要点はなにより、その発端に、伝来の宗教教義に離反し、地上の教会世界からは脱門するという、ある屈折したできごとがあったということである。そしてそもそもそれが、質朴な神学青年を〈ハイデガー〉にした根本事件だった。それは、存在不安のあとに襲った至高体験(存在神秘体験)を中核とするできごとである。最後にはこれまでとはまったく「別の神」さえ幻視しているほどだ。のちに「由来の信仰との対決」(ヤスパース宛書簡)ともいわれる事件。

そのあたりの事情を、さらにくわしくみてみることにしよう。

3　門をぬけて

順序が大切だ

くりかえしておこう。

最初に、発病体験があった。二度三度とくりかえす。死の恐怖がおそう。弱冠二十歳。

存在不安が足下から来襲したはずだ。精神の彷徨が当然つづく。存在や生への根本懐疑が、とぐろをまく。死病を背負っていただけに、真剣な問いかけだったろう。しかもそこに大戦争。恐怖と攪乱の地獄絵がつきつけられた。生きていることにも、死にゆくことにも、呪詛のような言葉をあびせたかもしれない。

むろん優秀な神学青年。その脳髄には、生や死や死後をめぐる、膨大な知識がたたきこまれていた。なにより、強力な彼岸此岸の二世界論があった。みにくくはかないこの世をこえた、美しい彼岸の永遠の生への祈りもあった。

だがいうまでもなく、脳味噌につめこまれたそんな知識や教義も、神学体系が編みあげる概念の大伽藍への信仰も、生の現場にひきおこる生々しい不安や地獄図をまえにして、なんの役にもたたない。嘘っぽいおとぎ話にさえ、おもえたろう。

そして絶体絶命のある日。突然、憑きが落ちたかのような覚醒の瞬間がおとずれる。この世が在るということ。生が事実このように実現しているということ。その変哲もない存在の事実や生の事実の凄さに、まるで雷（神鳴り）のように撃たれる＊。ハイデガーがはじめて、〈存在を存在した〉時である。「生それ自体のもとに滞留すること」(63-109)とか、「生が生それ自体へ至ること」(60-242)とか、「時を時として生きる」(60-80)といった言い方で、初期講義録のあちこちに散見されるそれが、以後、ハイデガーの原風景となる。

それはある意味で、すべてが解決し、充たされた時の出現だった。だが、充たされた時だからこそなのか。ふっと幻影のように、**なにか神のようなもの**（ein Gott）が、かたわらを静かに通りすぎる衣擦れの感触を覚える。のちにいう**最後の神**（letzte Gott）さえ幻視するこの体験。それが、まじめな神学生が、最後にゆきついた場所である。

その場合、そこへいたる順序がとてもたいせつだ。

＊ 存在に襲撃され存在神秘に覚醒するこの出来事が、後にいう**エルアイクニス**。もっとも「神聖顕現（パルージア）つまりエルアイクニス」（60-149）という言い方で、すでに一九二一年講義に登場。

最後に神さえ思い浮かべてしまうほどに

最後の神。『哲学への寄与』の言い方をかりれば、むろんそれはもう、特定の宗教宗派の神ではない。複数か単数かもどうでもいい。だからもちろん、存在の起源に神をおこうというのでもない。そんな論議や発想が破綻することは、すでにのべた。

むしろ、議論は逆である。存在が神なるものを存在させる。存在の真実を深々と味わい、存在をおおきく肯定する存在神秘の体験のその〈後に最後になって〉はじめて、神のようなものを存在させてしまう。だから、存在が神の起源。「最後の神」ということでいわれていることの、それがエッセンスである。さらにどういうことか。

存在神秘とは、この世の存在の法外な凄さ（天国性＝至高性）に撃たれる体験。「神の死」（ニヒリズム）のときには、不安や吐き気の対象でしかなかったこの世この生。その存在の事実が、気づいてみればあまりにも凄い。あまりに凄すぎ〈この世ならぬ〉ほどの驚嘆をひきおこす。この世ならざるなにか超絶的な説明原理（「神のようなもの」）でも想定しないと、おさまりがつかない。それほどこの世の存在を、あるいはこうして生きていることそのことを、神々しく想うということである。

だからもう、それだけで充分なのだ。在ることの凄さにシャワーのように撃たれるそのとき、存在不安や、生き死にをめぐる疑念は、あっという間に解消してしまう（いかがわしい言い方にいまはなってしまう。第四章でどなたも実感できるようきっちり論証する。いまは許されよ）。だが、だからこそなのか。「神のようななにか」が、存在神秘の事実のかたわらを、まるでそれをさらにひきたてる花輪か祝典序曲のように、幻視されてしまう。

「かたわらをそっと通り過ぎること。それが、〔最後の〕神のあらわれかたであり、それは、通過の刹那にあらゆるものの至福と驚きとを生じさせることができるような、ほとんどとらえがたい、つかのまの合図」（39-111/65-406）

存在神秘という最終解答にたいして、それで「正解です」といわんばかりのOKマーク、あるいはおまけのプレゼントのようなものだ。キャラメルだけでもおいしいのに、おまけまでついてきたグリコ気分とでもいったらいいだろうか。

ただしこの問題はつけたりのおまけではない。おそらくかれのまさに原景だったはずだ。ナチズム参加への弁明をした有名な『シュピーゲル』インタヴューでも、「なにか神のようなものだけが救える」と言い放って、ハイデガーは死んだ。それほどのことなのだ。

創造神／途中神／最終神

神には三とおりあり、かれは前二つをすて最後をとった。そういってもいい。三つの神とは、以下のとおり。

(1) 最初に置かれる神

いわゆる創造神。この世という被造物をつくりだした起源として想定された神。キリスト教伝来の神も、諸神話の神々も、おおむねそうだ。こうした起源神を最初におけば、もう悩みはおこらない。あとはいかにそれにあわせてこの世を生きたらよいのか。そんなハウツー的事後問題式を解くばかり。最初から解答書があたえられているようなものだ。

(2) 途中で求められる神

病気。生活苦。存在不安。愛しい者との永訣。様々な苦しみがぼくたち人間をおそう。つらい時だ。その激しい苦しみや不安に耐えかね、つい求められてしまう神。それがこの途中神。救済神とか救世主。これもよくある。解答途中で解答書を欲しがるようなもの。

（3）最終最後の神

さてハイデガーのいう「最後の神」。これは、（1）とも（2）とも決定的にちがう。そうした伝来の神は、存在不安やこの世の存在のわからなさを〈解消〉する神。苦しみを緩和したり、謎や疑念をなくしたりするために持ちだされる一種の護摩だ。薬。麻薬である。その意味で、創造神も途中神もとても役立つ。おかげで、汚濁と混乱の現世を生き生きと生きぬき、安らかに死ぬことができる。できるが、この世この生は否定されたまま。どこまでもニヒリズム（存在不安）を隠蔽してなりたつ〈生活の知恵〉にすぎない。

だが最後の神はまったくちがう。ニヒリズムも存在不安もなくなって、なくなったどころか、この世界の存在の最大肯定性を得心した、その後に来る神である。

苦しみを解決するためなら、べつに必要はない。もうそれで充分。すべての問題は解決をみる。自力で答えもだした。だが存在の真実の法外さゆえであろう。こんなすごい「存在の存在（在るなんてことが在るってこと）」（15-111）を可能にした〈なにか神のようなもの〉を、ふっと想ってしまう。むしろむこうからひとりでに、あふれでてくる。

それが、ハイデガーのいう「最後の神」、あるいは「神のようなもの」である。

だから、「最後の神」は、最終解答ではない。最終解答（存在神秘）がでたあとの事後効果。

あるいは、最終解答がはなつ輝き。ええーい、じれったい。はっきりいおう。

存在が神、神とみまごうほど神々しい、ということである。

ハイデガー自身にもこの展開は意外だったようだ。「神は——あるいはどういう名称でよばれてもいいのですが——人それぞれに異なった声で呼びかけてきます」(ブロッホマン宛書簡一九二九年九月一二日)。ハイデガーの場合、「存在の無言の声」がそれだったわけだ。

神が存在なのではない／存在が神で〈ある〉

ただ急いで補足しておく。よくいわれてきたように、「神が存在である」ということでは、だからない。これは伝統的形而上学による、神の定義。つまり、神とは在りてあるもの(Deus est ipsum esse)。森羅万象を在らしめているのは、神。神は自己原因。神こそ存在の起源。そういっているだけのことだ。

そんなことではない。さきにひきあいにだしたエックハルトなら、Istic-heit というところだ。その意味あいで晩年にハイデガーも、エックハルトを踏襲し、「存在が神である」(=「存在が神をあらしめる(istet)」)と、ふと漏らしている。ここで「である」は、「他動詞的で能動的」な意味に変化していることを、ハイデガーは強調する。つまり、「〔包み隠された秘密を〕露開された存在そのものがはじめて、神の存在を可能にする」(15-325)。

存在神秘の体験が、はじめて最後になって、神なんてものをも〈存在〉させるにいたるということである。こんな凄い存在を可能にしたなにかとして、神なるものを想定しても不自然ではないほどの感興に包まれるという意味である。ハイデガー自身こういっている。

「存在の真実からはじめて、聖なるものの本質を考えることができる。聖なるものの本質からはじめて、神性の本質を考えることができる。神性の本質の光りのなかではじめて、《神》という言葉がなにをいっているのかを考え言うことができる」(9-351)

存在《の》神／存在の光背

くりかえすが、だから、順序がたいせつだ。

(1) 神の死⇩(2) 存在不安・存在否定⇩(3) 擬死の極致⇩(4) 存在神秘・存在肯定⇩(5) 最後の神

起点はどこまでも存在である。存在忘却(ニヒリズム)としての(1)から、存在不安や歴史の混迷(2)がおきる。その存在否定の闇を極限まで体現し凝視しぬくそのとき(3)、突如事態は反転。存在神秘の痛感(4)のなかで、最後の神の想いがあふれでる(5)。

だからもはや問題は、「神の存在」ではない。生き死にするような従来の神とは「別の神」、つまり「存在《の》神」(47-294)である。ここで一格の《の》が強調されているのは、いつものハイデガーの語り方。たとえば有名な「言葉は存在《の》家である」という言いまわし。ここでいう家はあくまで存在が起点になり、存在が織りあげる、存在のための家ということだった。それと同様、「存在《の》神」とは、存在が起点になり、存在が織りあげる（存在がその実質をなす）、存在のための神（存在神秘を静かに追想できるような神）、ということである（13-154など参照）。つまり、存在の後光や光背のようなものだ。

だからたとえば、「ハイデガーは、存在のうちに神を認識するのに、あまりにためらったのではないか」と言った女学生は、いかにもわけ知り顔なのだが、しかし肝心なところでハイデガーとすれちがっている（フーゴ・オット『マルティン・ハイデガー』北川東子他訳、viii頁）。もしそれをいうのなら、存在自身が神なのだ。

だから、ハイデガーは存在に、さらに加えてそのかなたに神を認識したのではない。それでは彼岸の神。伝来の神に逆もどり。のちにみるよう、ハイデガーにとって、ニーチェの「神の死」（ニヒリズム）は決定的な問題だ。そこで死ぬ神とは、「最初に置かれた神」や「途中で召還される神」、あるいは「超越的な究極原理」のことである。「自己原因などという神の前で、どうやって人間は畏怖のおもいをいだいて祈ることができよう。どうやって音楽を奏し、舞うことができよう」（『同一性と差異性』S.70）。そう、ハイデガー自身、からかいもする。伝来の神学の神観念にしろ、それを説明する形而上学の言葉にしろ、すべて神をみうしなってしまった後の抜け殻や、廃墟のようにさえ、ハイデガーには思えた。

ニーチェ同様に、かれも思う。神は死んだ。「最初に設定された神」や「途中ですがる神」。そんな神なら死んだ。死んでもいい。そんなもの神じゃないからだ。〈ほんとうの神〉は、だから——おそらく原始キリスト教の崩壊のあとずっと——死んだままだった。殺したのは、神学者をふくむ、とりわけ近代人だ。「殺したのはおまえたちだ！」（『悦ばしき智恵』断章一二五番）。そんなニーチェのような激しいことばをはくのは、ハイデガーの流儀ではないが、思いはいっしょだった。

「ニーチェのように真剣に〈神の死〉を語り、それに命をかけるものは、〈無神〉論者ではない。そう思うのは、神をまるでポケットナイフのように考える者だけだ。つまり、どこかに失せたということは、それが無くなったのだというわけだ。だが神を失うとは、そんなナイフの喪失のようなものではない。ニーチェのような無神論には独特の事情がある。怠慢すぎるか巧妙なのか、伝来の信仰の檻のなかにのほほんと座して、その信仰を突き倒されたことのない多くのものたち。かれらは、〈神が死んだ〉ことを真剣に考えたニーチェのような大いなる懐疑家よりも、無神論者だ」（39-95）

その〈神の死〉を真剣にひきうけて、さまよい、惑い、苦しみ、死ぬほどの破局のはてに、まるで思いもしなかった「別の神」を体験する。それは、最後に神さえ想うほど、深く真正面から、存在の真理（存在神秘）に撃たれたことの別表現。そしてそれだけのこと。そう、ぼくはいまでは思っている。

ウィトゲンシュタインの神

どうもそれは、ぼくだけの思い込みではないようだ。

というのも、おなじことを、ウィトゲンシュタインもいっているからである。最近弟子マルカムの遺稿から明確になったことだが、おおむねつぎのような文脈の中で、かれウィトゲンシュタインも、語ろうとおもえば〈神のようなもの〉を語ることができたという。

よくしられているように、ウィトゲンシュタインは、いろんなかたちで、「ぼくは世界の存在に驚く」、「この世界が在るなんてことが〈ある〉ことが法外だ」と語る。いわゆるタウマゼイン（存在驚愕）の体験をつたえるエピソードである。これはハイデガーとまったくおなじ内実。「わたしには、ハイデガーが、存在とか不安という言葉で、なにを考えているかよくわかる」（一九二九年一二月三〇日、「シュリック家での談話、ハイデッガーについて」）といっていたウィトゲンシュタインのことだから、そう考えていいはずだ。

さてその上でマルカムは、つぎのようなウィトゲンシュタインの考え方を伝えている。

「かれの考えでは、〈私は世界の存在に驚く〉というこの経験が、神がこの世界を創造した、という考えの背後に隠されているのである。この経験は、〈世界を奇跡としてみる〉という経験であった。かれはまた、〔世界を奇跡としてみるという〕この〈絶対的な安らかさの経験〉は、〈神の手の中で安らぎを感じる〉といった考えと結びついていると、考えていた」(N・マルカム『ウィトゲンシュタインと宗教』黒崎宏訳、一〇頁)

とてもわかりやすい話である。まずは世界の存在への驚きの経験がある。世界が在るなんてことが〈在る〉ことを奇跡と感じるほどの、それは不可思議さに撃たれる体験。この存在神秘の体験が、そのあまりにもの〈説明できなさ〉ゆえに、説明の方便をもとめて、「神創造のおとぎばなし」をうみだしたほどだった。だから、〈神のなかで安らぎを感じる〉と、そう宗教物語風にいっていいのだが、べつにそんなことをいわずともよい。世界の存在に驚くそのとき、「わたしは安らかである。なにが起ころうとわたしを傷つけることはできない」といえるほどの、深い覚醒の時を生きるだけのことである。

ウィトゲンシュタインの場合でも、要点は、存在神秘の経験がすべての前提であり起源であり背景だということである。その体験を〈説明の言説〉にのせるとき、神や信仰の語彙体系で表現することにもなる。だがそれだけだし、それ以上ではないということである。

ハイデガーのケースも、おおむねおなじ。「最後の神」とはそういうことなのである。だからかれは、なにか至高なるもの(神)を捨てたのではない。むろん伝来の神は捨てた。粘土細工に興じる赤子のような創造神や、救急車のように駆けつける神。そんな神なら傲然と捨てた。無神論者になったからではない。そんなものはそもそも神ではないからだ。そんな神など少しも神聖ではないからだ。「神学は自らにとって何が本当の問題なのかを極端に見失っている」(56/57-27)。当時の神学への批判が深く激しいのもそのためである*。

「ほんとうに自由な哲学の出発点に立とうとする者は、神さえ放棄しなければなりません。つまり、それを得ようとする者はそれを失い、それを捨てる者こそそれをみいだすであろう、というわけです。ひとたびすべてを捨て、自分もすべてに捨てられた者、すべてを奪い取られ、はてしなく自分だけを見つめてきた者だけが、自分自身の根拠を究め、生の底の底までを認識したことになるのです」(42-10)

講義のなかで、共感をもって引用されたシェリングの言葉ではあるが、当時のハイデガーの思いを代弁してあまりある。以来、伝来の思考様式や生活方式のすべてが、そぐわなくなる。だからかれは、哲学というかたちをとりながら、神の死の後の痛苦の現代の新しい至高の道をめざした。一九一九年。ハイデガー二九歳のときである。

さて、ハイデガーの原景にせまろうとするあまり、少しはなしを急ぎすぎてしまったようだ。それでも不分明な初期ハイデガーの、さらに神問題などというまさに〈最後〉のことまでしゃべりはじめてしまい、いささかウンザリなさったのではなかろうか。ハイデガー自身が、もっとも内に秘めたこと。語るこちらぼくの側に、どうしても不分明なことがのこる。ためらいもある。あるため、歯切れもわるい。誤りもあるにちがいない。

だがあえて初期ハイデガー哲学の中心部に切りこんだことでかえって、いくつか大切な骨格がみえてきたようにおもう。ハイデガー哲学をおりあげる根本モチーフ、かれの著述や講義の意図、哲学にたいする態度といったものが、おのずから浮びあがってきたようにおもう。そんなハイデガーの思考流儀や発想モチーフを、次章で簡単にまとめておこう。そのことが、ハイデガーの著作を読む場合だけでなく、ぼくたちみずからが存在を味読するさいに、強力なアイテムとなるとおもわれるからである。

＊ ハイデガーのキリスト教批判は随所にでてくる。とくに46-163や52-90や65-24など参照。要点は、「第一の最高原因」としての神の想定が計算的思考の産物であること、それどころか「神がキリスト教化」したことが神の死の原因であるということである。さらに、「神の死の後」もキリスト教的〈思考様式〉だけは存続。それが、神の代替物をもとめる、現代の「不完全ニヒリズム」の温床になっている。そこが問題、現代文明の致命傷だと指摘。本書第五章参照。

第二章――道……存在解読のメチエ

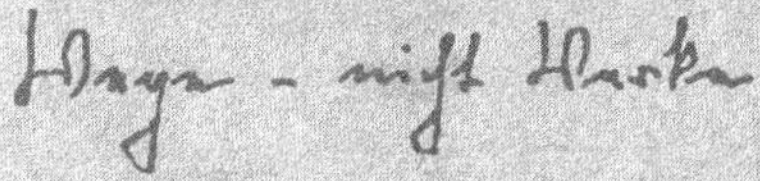

「道。著作ではない」
（ハイデガー自筆遺文）

どこをみるべきか示されれば、
なにかを発見することは簡単です(4-152)。

哲学の講義で本来重要なのは、直接言われていることではなく、
そうして言うことの中で黙されていることです(39-41)。

1　道としての哲学

道のプレゼント

ハイデガーの哲学は「道」である。それをたどればある地点へ、おそらく至高の場所へ、だれもがゆくことができる通路である。

そのゆきつく場所がどこなのか。なんなのか。野暮を承知で、ぼくはそれを、存在神秘だとか、生の実感となづけたのだが、しかしハイデガー自身は明示はしない。おそらく、語るつもりもなかった。合図や暗示をするだけ。すでに初期講義で、「形式的指標」(58-248)が自分の言説作法だと、うそぶきすらする。

形式的指標とは、実質ある叙述をさけることで、かえって「現事実的《リアル》なものとの前記号的〔前言語的〕な接触」を読者自身がひきおこすことができるよう、しくまれた語り方。初期講義録から、そんなハイデガー独特の執筆流儀が、やっと最近わかってきた。

くわしいことはのちに記す。が、ようするに、ふつういう意味で伝えたり、理解されようと欲して、ハイデガーは本を書いていないし、講義もしていないということである。

道は自分で歩め

ことがらを直接語りも伝えもしないのは、不親切だからでは、むろんない。そんなことをしなくても、道をたどれば、だれもがソコへゆきつくはずだからだ。ソコへゆけば、出発前にああだこうだと語った内容（頭だけの理解。「内実意味」Gehaltsinn と初期にはいう）なんて無意味。水泳とはああだこうだと、泳ぐ前に教えたところでなんになる。海はこんな場所だと、口をきわめて言葉にしてなんになるのだ。そういいたいわけだ。

そんなことより、海がどういうところか、水泳がどんなことか、最低うかがい知ることができるインデックス（指標）をあたえ、泳ぎ方を教えればおしまい。あとは直接、海に飛びこんで泳ぎなさい。そして、じかに海を味わったらいい。そもそも、海なる存在の味は、図面でもないし、言葉でもない。存在の味は、じかにご自分で実感するしかないだろう（じかに生きて知る味。「遂行意味」Vollzugssinn という）。そんな思いもあったかとおもう。

だから、ハイデガーはひたすら道を開き、その新しい道をたどるよう、ぼくたち読者を喚起した。R・ローティが炯眼にもみぬいたとおり、それはまさに「喚起哲学」である（『哲学と自然の鏡』野家啓一他訳、第八章）。道を開き、歩くようほどこすのが哲学の仕事。だが、道は自分で歩め。まっ暗なトンネルをぬけると、そこは雪国。一面の銀世界がまっている。道をたどりトンネルをぬければ、どなたもそこへゆきつく。だから、ほこらしげに雪国のすばらしさを語る必要もない。そんなことより、まっ暗なトンネルをぬける勇気をあたえ、むこうへわたる道をつくり、道標を立て、そこへいざなうこと。それが、ハイデガーの執筆や講義のスタイルなのである。根っからの教師、あるいは導師《グル》だといえよう。当時の青年たちが、ハイデガー哲学にしびれた理由もしれよう。

だからぼくたちも、ハイデガー先生からなにかありがたい学説をいただこうなどという期待は、きっぱり捨てなければならない。ハイデガーがこんなことを書いているとか、あんな思想をのべているなどと議論することも、ハイデガーの流儀に反することになる。

「道。著作ではない」

そういえば、ハイデガーはいつも「道」にこだわっていた。

たとえば『講演・論文集』の序文。わたしハイデガーは、なにかたいそうな思想体系をもつ「賢者」ではない、とくりかえす。そもそも「表現すべきなにものも、伝達すべきなにものももたない」からだ。「著者はせいぜい、思索の道へ案内できるだけです」。そうみずから記す。二十世紀最大の哲学者などといわれた、かれ自身がである。

あるいは、『同一性と差異性』冒頭。「この本はなにも証明はしないが、たくさんのことを指し示す」。そうタンカを切ったうえで、あなたの思考が、ことがらに語りかけられてきて、そのことがらを追いもとめていけば、道の途中で、あなたの思考自体が変容します。だから内容ではなく、あなたの思考のこの変容こそがたいせつ。だからこの本では、「思考されるべきことを示しはする」が、そうして示されている「思考の内容」は、「読者自身で見いだしてください」と、謎かける。おもえば主著『存在と時間』でさえ、この本は「一つの道にすぎぬ」という趣旨で、とじられていた。

書名からしてそうだ。『森の道』。『道標』。『野の道』。『言葉へいたる道の途上にて』。個々の本ばかりではない。全集出版にあたり、「全集編集上の留意」という覚書をのこしている（全集第一巻冒頭）。死の数日前のせりふ。いわば遺言。たった一言。

「道。著作ではない」（Wege-nicht Werke）

これら膨大な全集草稿は、ある場所へ読者をはこぶ道であって、その場所について直接記述するような著作（思想の所産）ではない。そう明言する。遺言。はんぱに聞いてはなるまいせりふだ。つまり、平凡な内容ではない。だから、自分の作品など未完成、来るべき時代の哲学のための助走路でしかないといった、そんなしおらしい謙遜の言葉ではない。

「森の道」についての有名なエピソードがある。親友ワイツゼッカーがつたえている。「森の道」は実際は泉（至高）につうじている。だが、「そのことを本のなかではいわなかった」。そうハイデガーは、いたずらっぽく語ったという（『理想』五四二号、九〇頁）。

だからまた、そのある地点（至高の源泉）をのべることはできないと謙虚にいっているのでもない。たとえその場所を表現できても、そのことで読者が直接そこへ行ったことにはならない。だから、たどるべき道だけ提示した。哲学は「神聖の証言」。だがだからといって、その神聖ななにか（Was）を直接叙述したり主張するのではない。それを読者各人がいかに省察し究明したらよいのか、その「いかに（Wie）の道をつちかうよう」に語ることができるだけだ（9-425）。その意味でぼくは、「言いつつも言わぬ」、「言わぬという仕方で言う」だけ（これは形式的指標法の後期形）。あとは読者各人で歩いてください。

おおむねそんな意味で、自分の書き物すべてをハイデガーは「道」といったのである。

2 変容回路の構造

伝道ではなく、変容道

もちろん、哲学がとりあげる各テーマはどれも、語るのはむつかしい。だが、語れないわけではない。語りがたいことを、たくみな論法と言葉でのりきるのがプロだ。達者な語り手は、哲学史の鉱脈にはじつにたくさんいる。プラトンがそうだ。歯切れのいいデカルト。微細な感覚のひだに訴えかける、ベルクソンやメルロ＝ポンティやジンメル。ニーチエもいる。あるいは、サルトルやベンヤミン。みな練達の文人である。じつにうまい。その意味でたしかに、ハイデガーは緻密でねばり強い文体ではあっても、けっしてうまい書き手だったと、ぼくは想わない。秘密めかした文章や、強引な言葉あそびが、はなにつくこともある。まっすぐことがらを語ろうとしない、そのうじうじと焦れったいマルチプル・アウトな文章の連続に、吐き気がすることも、正直あった。

だが、そもそもハイデガーは、ストレートになにかを伝えようとは、していなかったのである。なぜか。ニーチェにことよせながら、かれはつぎのようにいう。

ニーチェは、かれの「唯一の思想」である永劫回帰（いわばニーチェ哲学の原景）について黙した。語れないからではない。それを直接語っても、どうせ誤解をよぶだけ。だからだという。では、なぜ誤解をよぶのか。

ある思想をほんとうに理解するには、理解する側の変容が必要だからだ。どうしてもぼくたちは、なじみのフレームワークの中で、ものごとをわりきろうとする。もちあわせの概念や知識のファイルボックスの中で整理整頓し、わかったつもりになる。それがニーチェにはたまらなくいやだった。そこで読者の側の変貌を求めた。そうハイデガーはいう。

「ニーチェは、〔永劫回帰について〕完璧な理解をえることは期待していなかった。かれは、その説がそこからはじめてとらえられて実効力を発揮できるような〔読者のがわの〕根本

的心境の変貌への道をひらこうとするのである」(N.I.269)
ニーチェについていわれたこの言葉は、ハイデガー自身の作業(著述・講義)にもいえる。かれもまた伝える道(伝道)はさけた。語った言葉を道にして、ぼくたちが変容することをこそ願った。その変容アイテムとしてハイデガーが採択したのが、形式的指標法である。

かたちばかりの贈り物

たとえば、「かたちばかりのものですが」といって贈り物をする。感謝の気持ちをあらわすためである。実質(Gehalt)はない。相手の労苦や働きにみあう対価物ではない(それじゃ商取引になってしまう)。けれど、感謝のかたち(Form)を告げることはできる。

ハイデガーのいう形式的指標(die formale Anzeige)も、そんなことににている。ことがらにぴっしりみあう実質的な叙述はしない。だがソレをさし示す最低限の指標はしるす。まるで道標のように、その方向を示しソレへ向かうようしむける。が、そこがどんなところなのか、直接しるさない。単語単位ではなく、語句や文章全体が重層的によりあいながら、ある輻輳した大きな意味連関のネットワークをつくりあげ、つくりあげるさなかの紙面や行間全体に、うっすらソレがほのみえるように、あるいはむしろ「ソレ自身のほうからみずからを示す」ようにして、ソレへ至る道をつける。それが形式的指標法である。

この手法の表明は早い。一九一九年の講義録（58-248）にはじめて登場。ということは、ハイデガー哲学の最初からの言説作法ということになる。おなじく初期講義の全集五九巻や六〇巻（55-64）や六二巻にも登場。一九二九年講義『形而上学の諸概念』（29/30-422ff.）には、『存在と時間』もまたこの叙法で書かれたことが、告白されている。

世界、現存在、実存、死、歴史、時間、瞬間といった、『存在と時間』をつくりあげるキーターム。なるほど、いかにもなにかそれらしいことがらが語られ、その実質的内容が説明されているかのような口ぶりで登場する術語だ。だがじつはみな形式的指標語。直接それを規定したり、定義できる概念として登場していない。そう、はっきりハイデガー自身がいう。肝心の「存在」概念からして、じつは形式的指標にすぎぬとさえいうのである。

じつに重大なことが判明したことになる。がっちりとした構成で、きめ細かく書きこまれた印象をもつ『存在と時間』でさえそうだとしたら、ハイデガーの書物全体が、形式的指標法でできていることになるからだ。

だが考えてみると、『存在と時間』の有名な「現象学」の定義。つまり、「みずから示すものを、それ自身でみずからが示すとおりに、それ自身の方から見えるようにすること」(SZ.34)。わかったようでわからない、なのにこれまでわかったつもりで得々としてしゃべってきたこの定義の真意も、「形式的指標」の考え方をはさむことで、くっきりするはずだ。

「現象学的解明自体に、方法的要素として、形式的指標が属している」(60-63)。ようするに、『存在と時間』が採択した現象学的方法とは、形式的指標法だということである。

そのこともあり、近年、ネタ切れしていた観のあるハイデガー研究長屋で、急に脚光をあびてきたテーマでもある。長屋の大御所O・ペゲラーは、最近著冒頭にこの問題をかかげてきた＊。そんな重要問題である形式的指標法について、もっとも詳細な全集二九／三〇巻を中心に、スケッチしておこう。

＊ O. Pöggeler, *Heidegger in seiner Zeit*, 1999. ついでに最近の代表的研究書も記しておこう。In-Suk Kim, *Phänomenologie des faktischen Leben*, 1998.

解体・還元・開示の道

（1）【形式的指標こそ哲学】 どなたも感じるだろうが、哲学の言葉はわかりにくい。ヘーゲルだってデリダだって基本的にそうだ。だがなにも難解なことがらを書いているからではない。ことがらを直接語ろうとしない、その形式的指標法が原因である。

ことがらを直接語らないのは、さきにふれたように、語る言葉に潜在する常識や先入見によって、生や存在の事実性が歪曲されるのをさけるためである。それに、直接ソレを語れば、対象化の道となる。所有モードにひっかかる。だから形式的な指標をつらねて〈事柄を事柄そのもののほうからみえるようにする手法〉を、哲学は採択する。

(2)【解体】 それはいいかえれば、できあいの概念装置で理解しようとするぼくたちの自然な態度をはぐらかし、なれきったものの見方を脱線させ、最後にその自然な態度自体を解体するためである。読者の実存に働きかけ、各人の「実存の出動」(26-176)をもとめ、自己変容をとげるようにしむける言述法。それが形式的指標法だということである。

だから読者は哲学書をまえにするとき、いやでも、「理解されるべきことを自分自身の生(実存)のなかで把握することを要求される」(29/30-435)。実存が出動しないうちは、まるで画面にモザイクがかかったように、あるいはパスワードが判明しないと通過できない装置のように、形式的指標の叙述がたちはだかる、というしかけである。

(3)【開示】 だが、読者のがわがうまくパスワードを解いて、実存出動できたとき、無味乾燥な形式的指標の概念や文章に、「独特の意味連関」が宿ってくる。いわば血のかよった概念装置となり、閉ざされていた思想の扉が開く。曖昧模糊としていた叙述内容全体が、霧がはれるようにわかってくる(哲学書になじみの方ならこの感覚はおわかりだろう)。ことがらを、みずからのこととして突然、実感できてしまうわけだ。

(4)【産婆術】 だから形式的指標法は、どこまでもぼくたち読者のがわの自己変容を迫り、新しいものの見方や考え方を内部から誕生させるための産婆術。その意味で形式的指標法は、言葉を媒体にした自己蘇生装置。まさに〈道〉。茶道や武道や仏道のように。

(5)【捨てる道】　だとすれば形式的指標は、存在を自分自身で問い味わうことができるよう、ぼくたちの探究能力をめざめさせ、実存を転調させることに、最終的なねらいがあることになる。それはなにかを習得するというより、むしろ捨てる道。「実りある疑わしさへ追いこむ」(29/30-29)ことを通じ、さまざまな先行判断の蓄積をふり捨て〔解体〕、空白のオープンマインド(Entschlossenheit＝こころが存在にうち開いた状態)をつくりだし〔還元〕、「現事実的《リアル》なものとの前記号的な〔前言語的〕接触」〔開示〕を可能にする道である。

以上が、形式的指標法のあらましである。かれの書物を読むとはだから、なにかを理解するとか、概念の大伽藍のような思想の産物をいただくことではない。そうではなく、読むぼくたちのがわが変貌することである。たとえば音楽に感動するとき心境の変化を味わう。異国を旅して身も心もすっかり変貌をとげることもある。それとおなじ実存変容を、かれハイデガーは、そしてとりもなおさず「存在への問い」は、求めてくるのである。

ディコトミーの宙づり

だが、形式的指標について説明するハイデガーの語り方自体が、形式的指標法でできているから、その説明はどうしても「形式的」。実質的内容をこばむ。実感にとどかない。そこでぼくなりに論点をしぼり、もうすこしつっこんで説明しておこう。

ぼくのみるところ、道（形式的指標法つまりは存在解読法）の基本型は結局、つぎの二つにまとめることができるとおもわれる。そしてそれは、「深きねむりから深きめざめへ」というかれの根本モチーフにもぴったり符合する。二つの基本型とは、つぎのとおり。

（1）ディコトミーの宙づり（深きねむりからの覚醒）

（2）隠しの技法（深きめざめへの喚起）

ディコトミーの宙づりとは、健全で自然なふつうの思考習慣（二分法思考＝白か黒か、イエスかノーか、0か1で事を割り切る二者択一思考）を、アポリア（二重分裂）に追いこみ、破綻させる手口。「自然的態度」にゆさぶりをかけ攪乱し、判断停止へ追いこむ作業である。論より証拠。具体例として、根拠律を論じるハイデガーの手際を紹介しておこう（全集一〇巻）。

根拠律とは、「万物の存在にはしかるべき根拠がある」とする大原理。大原理という思いこみもあり、哲学史上、その当否をだれも問題とせず、「長いあいだ休眠状態」におかれていた。だがと、ハイデガーは禁断の問いをはじめる。「根拠律それ自体にそもそも根拠はあるんだろうか」と。この問いにたいし形式的には、二つの解答が可能である。

①根拠律に根拠はない　②根拠律には根拠がある

だがいずれの解答をするにせよ、根拠律の無根拠性を証明してしまう。

なぜなら、①からは、根拠律は根も葉もないことが証明されるし、②からは、もしかりに根拠律に根拠があるとしても、ではその「根拠律の根拠の根拠」はさらになにかを問わねばならなくなるから、——第一章でみたように——無限退行のジレンマが生じ、最終的に誤謬におちいる。だからである。

そう論破して、ハイデガーはさらになにか語ってくれるのかというと、あとは議論を断ちきり、プイッと立ち去るだけ。「無根拠こそ根拠だ」と、めまいのするようなパラドックスを残して。

「かれの講義法。それはまず、複雑な思考の構造物を築きあげる。そうしておいてから、それを自分で解体し、かたずをのんでみまもる受講者たちを謎の前に立たせたまま、空っぽ状態で、置き去りにしてしまう」(『ナチズムと私の生活』S.42)

そう、当時の熱心な受講生だったK・レーヴィットも、しるすとおりである。このことをどう考えたらいいのか。もうまるで公案なのである。

もちろん、あえてアポリアに追いこむのには、わけがある。「逃げ道のない場所で地に足をつけ、そこに故郷のようになじんで居着くこと」(51-83)を求めているからである。

なぜか。ディコトミーが破れ、通常の理性や健全な常識が執行停止するその場所こそ、まさにもとめたソレの間近に居あわせているところだからである。もはやAかBかの二者択一ができない、A即Bの論理圏。AなのにB、BなのにA。そんな奇妙なパラドックス・ゾーンこそ、ソレ（存在の真理）を目撃する絶好の地点。あとは実存発動してご自分で実感されよ。そう、かれは形式的に指標したわけだ（詳細はこの本の第三章以下でおめにかける）。

この「脱ディコトミーの場づくり」のモチーフ。ハイデガーを読み解くさいも、またそもそも存在を味読するさいも、わすれてならないメチエである。存在自体が、脱ディコトミー現象（＝パラドックス）だからである。

不在ゆえの現前／隠しの技法

しかし、解体するばかりが哲学ではない。ソレ（存在・リアリティ）を、なんらかの仕方で積極的に指し示す工夫も必要。それが、ハイデガーが多用するいまひとつの思考の流儀、「隠しの技法」である。それは、常識や健全な理知の立場からすればじつに否定的な場面や欠損状態（破綻、死、不安、危機、没落）を、あえて考察の切口にする手法である。

ハイデガー道路には、じつに暗い穴ぼこや、不安の影が落ちている。そこがハイデガー道路の魅力となっているのだが、しかし、まともにその否定性の暗い影につきあっていたら、ハイデガーの意図をとりにがす。不安や闇の思想家のように誤解してしまうからだ。

たしかにかれは不安を分析する。アンニュイ（退屈・憂愁）についての微細な分析もする。

ご承知の死の分析があるし、ニヒリズム考察も詳細をきわめる。後期には、近代テクノロジーを、つまり現代世界の危険現場を、考察道路にのせる。

だがそれは、不安をあおるためではない。文明の危機を声高に語るためでもない。危機の哲学とか、不安の哲学とはまったくわけがちがう。否定的なものを分析するのは、その否定性において、はじめて肯定的なものが裏語りされてくるからである。かれはただ、「不在ゆえの現前の論理」を逆用しているだけだ。つまりこういうことである。

なんであれ、そのなにかが非在化したり、喪失の危機にさらされたり、破綻に追いこまれるとき、そのなにかのリアリティ（真実在）が、ありありと露光するものだ。病が、健康な生のリアリティをはじめて痛感させるように。別れや祭りの後の哀しい空虚感が、出会いや祭りのさなかのときめきを、かえってあぶりだす逆説のように。俗にいう、無くなってわかるなんとかの在りがたさ（存在の稀有さ）。ごく日常的にご存じの事実だろう。

ハイデガーはそのことを「不在ゆえの現前」となづけ、この単純な事実を逆用するのである。つまり、あえてなにかを隠す（無くす・壊す）ことで、そのなにかのリアリティをあぶり出させようというのである。もともと存在は、それ自体として現前もしなければ、対象化もできない。だが、死や不安や倦怠や危険の分析は、そこで〈不在化していくソレ〉を、つまり生や存在や生ける自然を、「不在ゆえに現前させ」てくれる。

「不在が現前をあらわにする。死が近さ〔存在・生〕をもたらす」（13-233）。不在ゆえの現前の事実を逆手にとる「隠しの技法」を、だからハイデガーは多用するのである。

ハイデガー道路に落ちている、否定的な影や、闇のテーマは、そんな隠しの技法の適用場面であることを、いつも念頭においていてほしい。黒いネガフィルム。それは明るいポジ写真を映し出すためにある、ということだ。

「変装した宗教」があふれた時代

しかしそれにしてもなぜだろう。自己変容をせまるのに、そして存在神秘を痛感するために、どうしてこうもまどろっこしい形式的指標や、隠しの技法によったのか。

じつは、そうせざるをえなかった時代背景があった。前章でもふれたように、この時代（一九二〇年代）は、敗戦後の危機と混迷と不安ただよう時代。「西洋の没落」が語られ、時代診断は陰鬱をきわめる。そこで、民衆の不安心理にたくみにとりいる無数の対処療法や、いかにも自信たっぷりに決定性を印象づける〈最終解答〉が、「世界観」の体裁をとりながらあふれ出ていた。K・ブリは、こうした時代兆候を、「変装した宗教」となづけている。『存在と時間』発刊の二年前のことである（でもなんだか現代日本と似ている）。

たとえば、無意識と深層心理学、民族自決、「聖なるもの」（R・オットー）、あるいはオカルティズムや菜食主義や神智主義など。それなりに魅力的だが、安直な最終解答や治療法が乱舞する。空手形をばんばん発行するわけだ。それを読めば、それをすれば、すぐにその身のままで最終解脱にいたる。永遠の平安がえられる。そんな風潮が蔓延していた。

ほんとうの宗教性は、世界の根本的な分からなさにむかいあい、そのどうしようもない不可解さ（非知性）への畏敬の想いをはぐくむところから、生まれるものだ。だがこうした「変装した宗教」は、いきなり世界を解明し、文明の行く末を説いてみせる。はじらいもなく、答えまでだす。

初期講義でハイデガーは、こうした時代傾向を、「世界観」とか「人生に役立つ知恵」という言い方で、何度も言及し、批判的に検討する。そして、そうした「変装した宗教」という安直な解答装置にたいするアンチテーゼとして、解答ではなく、むしろ〈問うこと〉や、問い手自身の〈自己の変容〉や〈精神の革新〉を前提にするような思索の道こそ、なにより不可欠であると、考えた。だからこそ、けっして〈解答〉などださず、ひたすら自己変容を迫り、それによって向こうがわから、ソレがそっとすがたをみせてくるのを待つという、ハイデガー独特の形式的指標法（現象学＝むこうからみずから示してくるものを、それが示してくるままに見えるようにするとても控えめな手法）が、採択されもしたのである。

3　深きねむりから深きめざめへ

革命家ハイデガー

さて、以上のことからすでに、ハイデガー哲学の基本的な意図や戦略も、透かし彫りになってきたように想う。ひらべったくいえば、ようするに、ハイデガー哲学は精神革命をめざすということである。まずは、伝統的な西洋哲学の言葉づかいのラジカルな破壊ということがある。西洋形而上学のいわゆる脱構築。つまり、伝来の概念装置を揺さぶり、ズラし、脱臼させて、内部から解体する作業。その具体的戦略が、形式的指標法だった。

そのさいもちろん、伝統的なものの見方・考え方の破壊が目的ではない。脱構築はなにより、読者であるぼくたちみずからの自己変容をうながすためである。そのことでさらに問わずがたりに、ある至高の光景（存在神秘）をよびこむことができるからだ。

おのずから、哲学そのもののあり方も、ねもとから変質する。

哲学といえば、なにか抽象的な概念の大伽藍、強靭な論理が組みあげた思弁のビッグシステム。ふつうだれしもそうおもう。だからさらに思いこむ。そのビッグシステムには、あらんかぎりの〈解答〉や〈根本的な癒し〉が書きこまれている、と。

だが、そんなことが哲学だと、ハイデガーは考えない。哲学は道。ぼくたちをどこかへ連れだす通路にすぎぬ。通路にすぎぬが、しかしそれは変容回路。道を行くことで、ぼくたち自身が変貌する。歩いているうちに、視野のくもりがとれ、視界がひらけ、身はリフレッシュ。そんな実際の散歩やウォーキング同様の変化が、精神(実存の構え)の次元でおこる。自己変容とか、精神革命ともいわれたそれ(56/57-3ff. 63-15f.)。ハイデガーの場合、哲学とはまさにそんな自己革命の道(way=方法)だった。

深きねむりからの覚醒

こうした発想の前提には、ぼくたち人間が、みずからの生や存在の事実にたいして、まずはふだん眠っている、という洞察がある。初期・前期に、「耽落」(Verfallen, Ruinanz)とか、「生の朦朧性」(61-88)といわれたことである。

考えてみるとぼくたちはふつう、この世の内部に埋もれきって生きている。今日の予定や明日の成果で、頭はいっぱいだ。経済不況や中東アジアの悲惨な戦乱に、こころはすっかり吸い取られている。そのため、自分の存在だとか、この世の存在そのことに目をそそぐことなど、すっかりおろそかになる。これが耽落(深きねむり)のモチーフである。

そのさい、ご留意いただきたいのは、耽落が、惰眠をむさぼるとか、世俗にまみれニセモノの生活をしているといった、なにか堕落した否定的な劣悪状態を意味してなどいない、ということである。むしろ懸命に利発に誠実に生きていればいるほど、そうなる。真剣に誠実にひとに惚れれば惚れるほど、身も世も忘れてしまう恋愛のように、この世この生に没頭し、そこに亀裂なくはまりこむすがたほど、人生をひたむきに生きる形式もない。それが誠実にこの世を生きるということだ。この世の存在だとか、自分の存在にことさら思いをめぐらす（＝耽落しない）ほうが、むしろ異様。どうかしている。普通じゃない。

けれど、だからこそ、懸命に生き、誠実に利発にこの世に応接すればするほど、この世の存在を、あるいは自分がこの世に存在していることそのことを、忘却してしまう。

そのパラドックスから一寸ばかりぬけでること。生自体がみずからの存在にたいし〈ねむる〉という、この自然な傾向性（耽落）を破って、存在神秘へめざめていくこと。人生劇に没頭し熱演するふだんの生活から、覚めて観ること。「現存在（生）が自己自身にたいして覚醒して在ること」（63-15）。その意味で、深きねむりから深きめざめへ。

それが、ハイデガー哲学の基調音となってなりひびく根本モチーフである。

「眠らずに目を覚ましていなさい」

こうした自己の生（事実的生＝現存在）への覚醒モチーフは、すでに原始キリスト教の宗教性を論じた、初期以来のハイデガーの発想である。キリストを論じて最後に一言、つぎのようにいう。「キリストはそんな〈神充体験《エントゥシアスモス》〉なんか知らなかった。かれはつぎのようにいっただけだ。『眠らずに目を覚ましていなさい』」(60-124)。なんだかこむずかしい宗教教義だとか、あやしげな見神体験や神人合一の恍惚体験など、かれキリストには無縁。ただ、〈生を生として覚めてみつめただけ〉のこと。つまり生の事実性の覚醒を説いただけ。生の事実性が至高ゆえに。そう共感しながらハイデガーはいうのである。

ではそもそも、眠りからさめることができるのは、なぜなのか。

それは、ぼくたち人間に、覚醒能力があるからだ。石や蟻に覚醒せよといってもしかたがない。人間だけにそなわったこの覚醒能作(存在理解・開示性)。ふだんほとんど休眠状態だが、しかしそれでもなお、なんらかの仕方で、かすかにはたらいているこの覚醒作用。それをフルに起動させること。それが、「深きめざめ」のモチーフにすぎない。

だから、耽落ということで責められることがあるとすれば、せっかくの覚醒能作がほとんど封鎖されたままであるという、ただ一点につきる。もっといえば、ぼくたちはふだんあまりにも理知的な動物として立派に意識をはたらかせ、誠実に懸命に生きているが、だからこそ、せっかくの覚醒回路をつまらせ、錆びつかせ、「現に-在る者」(Da-sein=現なる今ここの存在に見開かれ、存在の凄さを目撃する者)でなくなっているということである＊。

だとすると、ハイデガー的革命とは、思考内容や思考様式の変更というよりはむしろ、思考する場所を移転させようとする革命ということになろう。つまり、ふだん誠実に懸命に生きているとき作動する理知的思考の場所から、それとはべつの質の思考の場所へ移動すること。それが自己変容とか、精神革命といわれたことの実態だということである。

＊　むろん存在にたいし眠ったまま、生きて死んでいってすこしもかまわない。むしろそのほうが、どんなに社会貢献的で快活な人生をおくることができるかしれない。でも不眠症の人種もいるのだ。

思考場所の革命

実際、八十歳になったハイデガー自身、みずからの哲学をふりかえり、とりわけ『存在と時間』に言及しながらいう(15-385)。『存在と時間』は、「思考の場所の革命」だった。カントのような「思考の仕方の革命」(コペルニクス的転回)ではなく、思考の場所を「意識から現存在へ移動」したことに、『存在と時間』の画期性があった、と。

かつて、近代哲学によって「意識の中へ移転された思考を、意識の場所からべつの場所へ移す」こと。「意識というそれ自身の内で閉じられた場所」に終始した意識中心主義の近代哲学を、解体、破砕し、存在に開かれた現存在という〈非意識的〉場所へ思考フィールドを移すこと。それが、深きねむりから深きめざめへの変容だ、というのである。

「現存在」(Dasein)というなにげない概念の導入。それが、いかに意図的で戦略的だったかも以上からしれよう。つまり現存在という術語は、伝来の哲学の思考場所(意識・理知)へのアンチテーゼだった。意識を起点に、意識の内実として、意識の内へ、すべてを還元しようとする意識中心主義のモデルネへの、反抗だったのである。

だとすれば、現存在とは、意識の生を不断にはみだし、しかも意識よりもっと根底にあって生動する〈非意識の人間存在〉。そうパラフレーズすることは、ゆるされよう。

生命のいぶきの復権

現存在という〈生命系〉の用語が選ばれたのも、そのためである(Daseinは生命とか生存を意味する普通のドイツ語だ)。かつてかれは、「生きた精神」を、本来的実存と同義でつかっていたこともある(本書四八頁参照)。「精神」は、もとはギリシア語プシューケーの訳語。プシューケーの原義は「生命のいぶき」。今日考えるような、あやしげな霊魂やたましいのことではない。むしろもっと、生き生きといのちあふれる生動現象をいう。

たとえば、死体を前にした瞬間、そこに〈無い〉と直感的に感じとられるアレのことだ。見た目はまるで昨日とおなじ。だが、ピクリとも動かない。まるっきり反応なし。昨日まであんなにはつらつと生動していた、まさに〈生命のいぶき〉、あるいは生命的精気(anima)。

それが目前の人のかたちをしたものから、すっかり消え失せている。だから逆にいえば、ソレさえその死体に宿れば、もうすっかり昨日のかれであるだろう、ソレ。ソレこそだからかれの正体（本体）だったとしかいいようのない、そんな意味での〈生命のいぶき〉。

これが、プシューケーのもともとの意味であり、ハイデガーが「現存在」というぼくたち人間を「指標」する術語に、こっそり鳴りひびかせているものなのである。

現存在という術語がでてきたら、〈生命のいぶき〉と置き換えて読まれたらいい。不鮮明なハイデガーの文章が、とたんにそれこそ生き生きとよみがえるはずだ。

だから思いっきりいいなおせば、ふだん眠っているのは生命のいぶき。めざめさせようとしているのも、この生命のいぶき。そういっていいのではないか。ようするにハイデガーは、「死せる魂」を「生きた精神」としてとりもどそう、というのである。「理性的動物」としての近代人を批判し、現存在をあんなに強調するのもそのためである。

理性的動物から現に在る者への変容

かれはよくいう。なにが言われているのか、表現されているのはなんなのか。そんなこと（意識や理知による頭だけの理解内容）はどうでもよろしい。重要なのは、言われていることについていって、思考する〈みずからの存在〉が変化することである、と。そしてそのことを、「理性的な動物から〈現存在〉への人間の本質変容」(65-3)と定義する。

だからそれは、「ぼくたちの習慣となった表象思考〔死せる魂〕を、簡素なるがゆゑ不慣れな思考する経験〔生ける精神〕へ転調すること」(4-153)である。その変化のなかで、理知理性がヘゲモニーをもつ対象化思考〔伝統的思考〕から開放され、現に〈いまここ〉にこうして在ることに見開かれ、存在の凄さを目撃する者〔現-存在〕へ変身するというわけだ。

そんなふうにいうと、なんだかたいそうなことに想われるかもしれない。が、そんなことはない。すでにぼくたちは〈現存在〉しているからだ。たんに石ころのような閉鎖系ではなく、プシューケーという生命的な知の位相においてではあるが、「現に在る」〔いまここの現に開かれている〕。その暗黙裡の生命的知の位相〔プシューケー〕を焚きつけ、ことさら起動させようというのが、「現に在る者への変容」というだけである。

こうした自己変容の技法の真価がフルに発揮されるのは、やはり講義であり講演だろう。古いレコードが残っている。『ヘルダーリンの大地と天空』の講演ライブ。それを聴くと、その歳〔七〇歳〕にしては、声に艶も張りもあるが、しかし聴衆をぐっとひきつけるような巧みなしゃべり方ではない。むしろ朴訥。だが話がすすんでいくにつれ、いくぶん高い声に熱がこもりだす。やがて熱気をおびた上昇気流のような気配が屹立し、いつのまにか講演空間のなかにすっぽりひきこまれ、躍動するふしぎな視界がひらけてくる。

「講堂をでたときぼくは声もでなかった。一瞬、世界の根底を覗き見たかのような気がした」。ハイデガーの講演を聴いたおりの体験をつたえる、畏友ペーチェットの言葉も、誇張ではないようだ（『一つの星に向かって』一八頁）。

本質や意味という用語

最後にいまひとつ。形式的指標法で書かれたその書物。いつも、具体的なことがらを、「意味」や「本質」へ還元する、というスタイルで進行する。還元とは、具体的内容を捨象していって、形式的構造を取り出す手法である。ここでいうハイデガー用語としての「意味」や「本質」。ふつうとはずいぶんことなる。そのことを理解しておくと、かたくるしく古風にみえるかれの議論が、とたんに新鮮なものになるはずだ。

ハイデガーが、なにかの「意味」とか「本質」という場合、それは、その「なにかが存在することを可能にしている前提条件」のことを考えている。だからたとえば「真理の本質」とか、「技術の本質」。それは、真理（技術）なるものが、そもそもこの世に存在することを可能にしている前提構造を意味する。だから、真理（技術）とは何かと問うとき考えられているような、真理（技術）のいわゆる「本質」（essentia）とか、定義的な意味ではない。「意味」という概念もまったくおなじ。たとえば、「気づかい（Sorge）の意味はなにか」としてはじまる章。それは、ぼくたち現存在はいろんなことを気にかけたり配慮したりしながら生きているが、そんなあり方を可能にしている前提構造——哲学のテクニカル・タームで「可能性の制約」という——がなんなのかを、問題としているということである。

以上、ハイデガーを手がかりに、存在解読上の心得や方法をいろいろのべてきた。要点は、存在を味わうためには、それを味わうこちら側ぼくたちの実存変容がもとめられてくる、ということである。と同時にそれは、第一章からもおわかりのように、「神なき時代」(ニヒリズム現代)の新しい神聖の探求でもある、ということである。

そしてくだんの『存在と時間』。それは——不備もあるし未完成だとしても——全体として、読者であるぼくたちの実存変容を、あるいはおなじことであるが、神聖に棹さすプシューケー(生命のいぶき)の覚醒をめざして書かれた本(道)だということである。

道ということ。現存在ということ。ねむりとかめざめということ。戦略としての形式的指標法ということ。もう十分におわかりいただけたかと想う。その確認ができれば、ぼくたちはもう、『存在と時間』という巨大な山のふもとまでやってきたことになる。

第三章——世界劇場

死は生に属する、生誕がそうであるように。
　歩行は足を上げることにある、
足を下げることでもあるように
（タゴール『迷える小鳥』二六七節）

1　世界に夢中

近道への招待

『存在と時間』も〈道〉である。自己変容へいざないい、存在の味（意味）へみちびこうとする道である。

ただ、かなりけわしい。複雑にいりくんだ迷路もある。しかも長距離。おまけに最後で道がとぎれている。ひとりで歩くのはかなりきつい。道ばたに、何度ぼくもへたりこんだことだろう。目的地につくまで、二十年間かかった。

そこで、近道をご紹介し、ぼくたちなりに『存在と時間』を歩みぬくことにしよう。存在を味わうのが、ぼくたちの目的。ハイデガー哲学の忠実な紹介や、お行儀のよい学問的分析が課題ではないから、そんな気楽な旅もゆるされるはずだ＊。

それにそもそも、〈道〉とは自己変容トレーニングマシン。そんなトレーニングマシンについて、ぶ厚い説明書を読んだところで、実際に道を歩いたことにはならない。ロングコースの『存在と時間』にくらべれば、まさにショートコース（近道）でしかないが、実地に歩かぬカタログの旅より、ずっとましなはずだ。

この近道の名を、「世界劇場（teatrum mundi）論」という。

＊『存在と時間』の詳細は、高田珠樹氏の労作『ハイデガー』（講談社）、木田元氏の定番『ハイデガー』（岩波書店）、軽快な竹田青嗣氏の『ハイデガー入門』（講談社）などを参照されたい。

世界劇場論

「世界は劇場。人生は演劇。人間は役者」（シェイクスピア）。そう思いきり、この世この生を、一幕の舞台劇とみたてる世界観。それが世界劇場論である。世界と生のリアリティ（真実在）を透視する、西洋古来の解釈装置。プラトンの昔から、エラスムスやシェイクスピアをへて、現代社会学（ゴフマンなど）まで脈々とつづく、ものの見方・考え方である。

それは、それまで夢中で熱演し没頭していた現世の悲喜劇を、観客席のような場外に立って突き放してみる工夫。つまり、「深いねむり」からさめ、自分自身（オープンマインド＝Da-sein）をとりもどし、存在の真実（存在神秘）に撃たれることですべて吹っ切れ、ふたたび人生劇に復帰し、今度は、しかと目覚めながら生きなおす道である。

もちろん、ハイデガーがそんな解釈装置に自覚的であったというつもりはない。だが、すくなくとも世界劇場論にかんしては、いくつかの言及箇所がある。『存在と時間』には「舞台としての世界」（SZ.388）とでる。『存在と時間』に先だつ初期講義には「仮面論」(63-32) が、『存在と時間』と同時期の『根拠とはなにか』には「演劇人間論」が登場。「世界とは日常的現存在が演じている《演劇》」(9-153) と明言する。その翌年の講義では、世界概念を説明するために、カントの「人生という演劇」の考え方に十頁にわたり言及 (27-308ff.)。全集四八巻には、「世界劇場をつくりあげる舞台装置」(48-4) とで て、現代の時代状況全体を、ニヒリズムの歴史劇とみたてる。当時耽読していた、キルケゴールの影響もあったかもしれぬ (『誘惑者の日記』や『愛の生命と摂理』など参照)。

いずれにしろ、世界劇場論は、あくまで問題の方向性を示してくれるだけ。それで充分な説明だと、ハイデガー自身も考えていない (27-308)。いないが、「世界内存在」や「ダス・マン」や「本来性」や「死への存在」や、あるいは時間や歴史などをめぐる、いまだに不鮮明な議論や意図が、世界劇場論のフィルターにかけてみると、おもいのほか鮮明になること、請けあいだ。論より証拠。実際に歩いてみることにしよう。

ぼくたちは世界制作的に存在する

まずは、なんにもないまっ暗な劇場空間を、想いうかべられたい。やがてそこに照明がおとされ、大道具や小道具がはこびこまれて、舞台の準備がととのう。

だが、それだけではまだ、「演劇世界」は出現しない。悲喜劇が展開する、あの濃密な意味と情動の空間としての演劇世界は、影も形もない。演劇世界（濃密な意味・情動空間）が現れるのは、開演のベルがなり、舞台のうえに役者たちが登場したその瞬間からである。役者の立ち居ふるまいを触媒に、「なんにもない空間」（P・ブルック）に突然、演劇世界が浮かびあがってくる。まるで「無からの創造」。魔法のようだ。

その魔法の手際にみほれる間もなく、こちら側ぼくたち観客も、もはやたんなる絵空事とは思えない感動空間（演劇世界）にすっぽりつつまれてしまう。しかもそれはじつに動的。役者の一挙手一投足に、あるいは照明の光彩や音楽の鼓動に微細に呼応しながら、刻一刻、そのすがたをかえる。演劇は、まさに劇的に流動する複雑な運動体。生きもののようだ。

さていうまでもない。役者の立ち居ふるまい（acting）を、日頃のぼくたちの生のいとなみ（living＝現存在）とみたて、舞台上に刻一刻つむぎだされる演劇世界を、ぼくたちがふだん生きている日常世界とおきかえれば、世界劇場論の舞台設定もととのったことになる。

まずいえることは、生と世界との緊密なむすびつきである。役者が登場し演技がはじまると同時に、演劇世界が創出される。役者が消えれば、一幕の舞台世界も消失する。舞台世界の出現と、役者の演技活動とは、おなじひとつのできごと。分離などできない。

それと同様、ぼくたち人間が生きる生の現場にはかならず、ある一定の「世界」がつむぎだされてくる。目にはみえないがたしかに、ぼくたちの生のいとなみの辺り一面（周囲）

に、まるで大気のようにひそかに深くひろく、時々の場面に応じた、重層的で可動的で濃密な、意味と情動のネットワークとしての「世界」が分泌されてくる。つまり、生(現存在)と世界(周囲世界)とは、分離不可能な仕方で錯合しあっている、ということである。世界は生に依拠し、生との深い相関性のなかではじめて成立する。そういってもいい。

そのことを、初期ハイデガーは、「世界が世開する(Es weltet)」(56/57-73)と表記し、ひどく強調した。雨がおのずから降る(Es regnet)ように、ぼくたちが生きるところ必ず自然発生的に、ある一定の世界が開かれてしまう。そんなニュアンスで、「世界が世開する」という。それは、ぼくたちの生それ自体が**世界制作的**だ、ということにほかならない(27-314)。世界なるモノがまずあって、そのあとに人間の生が入りこんでくるのではない。世界を生みだすのは、ぼくたち人間の生(現存在)。人間の生ぬきの世界などない。逆に、無世界的な生もありえない。生と世界とは一体二重的に生起する。そういうことである。

世界内存在

だが、生が世界制作的であるとしても、しかしそれは、世界をぼくたち各人がすき勝手に作りだしているのだと、独我論的方向で誤解してはならない。ぼくたち人間の生は、それが分泌してくる世界に逆接的につつまれ、すっかりその統制下におかれているからだ。

それは、役者が、みずからつむぎだしているはずの演劇世界にすっぽりつつまれ、そこに没入し、さらにその世界に逆に規定されてはじめて生きた舞台が進行するのと、同じことだ。生は、みずから分泌する世界に逆規定され、世界依存的であることで、生たりうる。だから、世界あって事後的に生（現存在）があるのではないし、また生が〈主体的〉に世界を制作するのでもない。生あるところかならずそこに世界が分泌されるとしても、しかし同時に、そうして分泌される世界に折り返すように決定されながら、実際の個々人のリアルな生がみのる。生と世界との相関性とは、正確にはそういうことである。

実感しにくい。そうおっしゃるなら、遊びをお考えいただきたい。遊びの現場でも、遊ぶ者と遊びの世界とは、別々に実在しない。遊びはじめるその瞬間に、ぼくらははじめて遊ぶ者となるのだし、それと同時に、遊戯世界がどこからともなく現れでる。遊ぶ者と遊びの世界とは、たがいに分かたれない渾然一体状態のなかで、実現されていく。

そのさい、遊ぶのは、たしかに遊び手であるぼくたち人間だとしても、だからといって、遊ぶぼくたちが主宰者（主体）となって遊びの世界をとりしきるといった、主体主義的なできごとではない。むしろ、みずから創りだしているはずの遊びの世界にすっかりはまりこみ、夢中になり、完全に統御されるとき、はじめて遊びが実現する。最初は主体的に遊んでいたつもりが、いつのまにか遊びの世界に遊ばれるとでもいったらよいだろうか。

遊びを表す欧米語（play, Spiel, jeu）は、演技や演奏をも意味する。世界劇場論の異本と考えてさしつかえないだろう（H・G・ガダマー『真理と方法』九七～一二八頁参照）。

さて、生と世界とのそんな一体二重的な相関性を念頭におけば、ハイデガー哲学においてなぜ、現存在（生のいとなみ）が同時に、**世界内生**（初期講義録）とか、**世界内存在**（『存在と時間』）といいかえられたか、もうおわかりだろう。そしてまた、演劇世界がなにか物質的な事柄ではなく、重層的に織りあげられた不可視の意味と情動の空間であることを考えれば、「世界」の本質的な性格（**世界性**）が、**意義連関**（Bedeutsamkeit＝重層的で濃密な意味と情動のネットワーク）とされた理由も、ご理解いただけよう（以上『存在と時間』一四～一八節）。

はじめからの公共圏

世界は、個人の生と、密接にむすびついて成立する。しかしだからといって、その世界が、個人的な世界だというわけではない。個人がつむぎだす世界は、同時にすでに最初から、**共同世界的**（mitweltlich）ななりたちをしているからだ。

たとえば、サラリーマン劇を演じるあなたの会社世界。たとえそれがどんなにあなた個人の創意と工夫をこらした世界だとしても、同時に最初から、他の同僚との共演舞台でもあるはずだ。そこにはさらに芝居同様、他者経由で共同的にあたえられた既定のシナリオや、大道具・小道具が、いやでも入りこんでいる。自社ビルや事務機器はむろん、就業規則や事業計画や給与体系だとか。あるいは社会規範や貨幣制度や商法などが。さらにそこに、取引先の会社劇も入りこむ。顧客事情や、日々変動する株式市場もからみつく。

そうした、だれがもともと企画し決定したのか特定できない、まさに共同作業の産物によって、幾重にも幾層にも制約され、そこに巻き込まれるようにして、あなたの会社劇はいとなまれているはずだ。それらすべては、あなたなる個人のあずかりしらない、共同世界的産物である。

総じて、大小の舞台装置、役柄、場面、シナリオなどが複雑にからみあう生活コンテキスト（世界性）が刻一刻形成され、その不可視のコンテキストに多面的重層的に織りこまれるようにしてはじめて、ぼくたち個々人の生存活動（現存在）が、実現されていく。世界は同時に**共同世界**だということを、ハイデガーがなんども強調するのもそのためである。

逆にいえば、「世界」とはある意味ではその程度のものだということである。だから、あなたご自身の存在それ自体（自己自身）を体現した次元ではないということだ。もっといえば、自己自身など消すことではじめて世界はなりたつ。役者が生身の自分を舞台上から消し、役柄になりきることではじめて、演劇世界が成立しえているように。つまりこの世は「お芝居」なのだ。誤解や反発をまねくこの論点。のちにくわしくお話しよう。

ぼくはぼくをこえた生を生きている（非意識的生）

さて、世界制作的（＝世界内存在的）にして、しかも共同世界を生きる人間のあり方を強調する『存在と時間』。そこから、従来の人間論とはまったくことなった、つぎのような人間理解も、浮きぼりになってきたはずだ。

かつて、近代の主体主義が優勢をきわめた時代には、《人間は、自分の生や行為を明晰に認識できかつコントロールできる者》と想定されてきた。自己反省能力をそなえる明晰な主体性（コギト／理性）を、すべての起点におくことができたからである。

だが、世界制作的であるぼくたちは、目前のものをたんに眺めやるだけの、そんな無世界的で静態的で〈観照〉的な生活をしていない。役者さながらに、周囲世界に気を配り、共演者を気づかい、観客に配慮しながらそのうえで、時々のものごととの交渉にあけくれる。しかもすでに最初から、共同世界的な制度やシナリオに染色された公共圏を生きる。じつに動的で〈実践的〉な行動圏を、しかも暗黙裡に生きてしまっている。このような実践的で動的で暗黙裡の生存様式を、ハイデガーは**気づかい**（Sorge）と総称する。

まずはとても自足的で理知的な主体がいる。それが外の世界と関係する。することで、さまざまな認識や行為が事後に形成。かつてなら、そんな明示的で静態的な主観‐客観の二元論が――観念論的であれ唯物論的であれ理屈としては――、なりたつこともできた。

だが、ご自分も舞台役者になったつもりでお考えいただきたい。役者はじつに不分明で揺れ動く闇の海原（非意識的生の次元）を漂うかのようだ。観客からあらわに読み取ることができる舞台世界の全貌など、しるよしもない。稽古場で長いあいだ修練し、その身にたたき込んできたはずのスキルについても、明示できない暗黙裡の知のなかで、舞台に立つ。共演者たちの息づかいとのあやういやり取りのなかで、かろうじて刻一刻の舞台世界が構成されてもいく。しかもじつに自動的にすみやかに。まるでぼく《コギト》は、ぼくをこえた生を生きているかのようだ。主体の明晰な意識などはるかにこえた非意識的生（＝現存在）として、ぼくたちの具体的な生はありえている、ということである。

非意識的生などというと怪訝に思われるかもしれないが、よく考えたら、あたりまえのことだろう。鳥肌はおのずから立つ。ぼく《コギト》が意図したわけではない。夢みることも、人を恋することだってそうだ。ぼくが意志して夢みたわけでもないし、恋したわけでもない。夢はぼくを襲う。ぼくをこえた生を生きるいわば〈もうひとりのぼく〉が恋させた。

もちろん、ぼくは、なにかを考えたり、なにかを手に入れようと行動にうつることも、可能だ。そのかぎり、思考や行動の主体はぼくであるかのような印象を、もつ。だが、そもそも意志をつきうごかし、なにかを思考するようおいこんだのは、誰か。それはぼくではない。主体としてのぼくをこえた生（現存在）をぼくは生きており、そのぼくをこえた生

（現存在）が、そもそも意志や思考をいだかせた。そういうしかないだろう。

現存在のそんな非意識性をふまえてはじめて、よくしられた被投性や企投性や耽落といった、現存在の基本性格も、すっきり理解できるようになるはずだ。

企てながら投げこまれ没頭する舞台

たとえば仕事熱心なサラリーマン。さきにのべたように、かれは時々の状況や場面に合わせ、共同世界的なプロットやストーリーをコンテキスト（先行的な枠組み・地平）としながら、暗黙裡に周囲の物事を意味づけ、理解し、仕事を企て、用務を果たしていくだろう。この場面でコンテキストがどうなっているか。舞台上のもろもろのモノ（大道具・小道具）がなんなのか、どうつかうのか。共演者はだれであり、かれが演じている役柄はなんなのか。顕現的に分節すれば、おそらく無尽蔵に語ることができるほど膨大な情報＊を、一挙に即座にただし本人さえ不分明な揺れ動く暗黙裡の知という認識論的資格で——、察知していくはずだ。この側面が**企投**（Entwurf）である。

しかし、そんな企投が可能になるのは、そもそもすでにつねにかれが、時々の舞台世界（明示不可能で非意識的な意味・情動のネットワーク）に投げこまれているからだ。さらにいえば、その投げこまれた世界に、すっかりはまりこんでいるからである。

やはり役者をおもわれたい。場面、場面でどう演じたらいいのか、その役者の一挙手一投足（企投）が可能になるのは、あたりまえのことであるが、まずはすでにある特定の舞台劇に出演してしまっているからであり、その場にできあがっている筋立てや雰囲気に暗黙裡に入りこみ、一体化できているからだ。つまり、演劇内世界にすっかり没頭し「はまって」いるからである。「これはお芝居さ」などという想いがよぎれば、セリフはでず、足は止まる。お芝居だという覚醒を抑えるだけの〈眠り〉が必要だ、ということである。

このようにして、コギトや意志とかかわりなく、既定の舞台世界に投げこまれ演技してしまっていく側面が**被投性**（Geworfenheit）であり、そこにピタッとはまりこんで没頭し〈眠る〉側面が**耽落**（Verfallen）である。

ちなみにドイツ語 Verfallen は、「耽る・溺れる・吸収される」を意味する。堕落とか頽落といった道徳や宗教のニュアンスはない。読書に〈耽る〉とか、財産を〈没収される〉といったときにつかう、ニュートラルな日常語だ。ぼくたちがふだん、この世の人生舞台にすっかり想いを吸い取られ、夢中になり没入して生きるすがたを、うまく言い表しているとすらいえる。だから一貫してこの本では「耽落」と訳している。

＊　コンパクトにつめこまれた非意識的な原初の知。この原初の知を察知する能作が**理解**（Verstehen）。理解されたこの原初知を、一定程度、意味のくまどりの中で分節する能作が**語り**（Rede）。

ダイナミックな運動現象

もっとも、そんな現存在のなりたちや、なりゆきについて、どうして現存在自身にそれをしるよしがあろう。いつのまにか人生舞台に投げこまれ、熱演の時間がすぎ、そして終わる。非意識的生（現存在）と、そこに展開する世界とのあいだは、あまりにも密接すぎ、主体と客体とか、人間と世界といった割り切りのいい二元論では読みとけない不分明さがつきまとう。つきまとうその影のような舞台世界に、つまりぼくをこえた非意識的な生の海原に、ぼうぼうと浮き沈む自分なるものがあるだけである。

世界劇場をぼうぼうと漂う、そんな現存在（非意識的生命性）を追跡するうちに、しかしすでに、ぼくたち現存在が、コギト（意識主体）などとはことなり、とてもダイナミックな運動現象だということも、あきらかになってきた。

被投性（事実性）の側面ではいわば後方へ。企投性（実存性）の側面では前方へ。そして耽落するさなかには、まさに目前のこの世の現実へ。この三方向へ開かれた動性がダイナミックにからまりあい、三位一体的な運動となって、刻一刻の生がいとなまれている。というより、生（現存在）とは、そんな動的生起そのものだということである。

いわゆる「気づかい」論、つまりは『存在と時間』前半部分は、だから、ぼくたちの生（現存在）が、たえず揺れ動き停滞することのない生動現象であることを論証する議論だと、ご理解いただきたい。つまり溌々とした動き。それが、ぼくたち現存在の「存在の味(意味)」だということだ。さらにほのめかせば、だから生は時なのだ(後述)。

世界内存在に関連する、さらにこまかな他の概念装置については割愛し、さきを急ごう。世界内存在を演じて生きているぼくたち自身のこと、つまり「自己」に、スポットライトをあててみよう。とても奇妙なすがたがみえてくるはずだ。

2　ダブルなわたし

役柄としての自分と、生身の役者としての自分

奇妙なすがたとは、ほかでもない。ぼくたちが、役者同様の二重分裂構造と自己消去構造を生きている、ということである。どなたもだ。どんな立派な人もである。

役者は、あるときは王様を、あるときは老人を、あるいは善良な市民や犯罪者を演じよう。それと同様ぼくたちもみな、時々のスケーネー(生活場面・状況)とドラーマ(活動様式・言動・任務)に応じて配定される、様々なペルソナ(役柄・仮面)を演じて生きている。

妻にとっては夫として、学校にゆけば教師として、バスにのれば乗客として、時々の状況とふるまい方から相関的に規定される時々の役柄になって生きる。むしろ生きざるをえ

ないしくみに、人間社会はできあがっている。このしくみ、現代思想の文脈では「演劇体制論」（エヴレイノフ）とか「役割存在論」（ゴフマン）として、よくしられたことである。

そのさい、演じている役柄上の自分と、それを演じている生身の役者なる自分自身とは、別々の自分だということは、説明するまでもないだろう。たとえばあなたが老婆役を演じる若い役者さんだとする。その場合、老婆という役割上の自分（配役・仮面自己）と、それを演じている若い生身のあなた自身（自己存在）とは、別々のもののはずだ。

だが舞台上では、〈舞台上の役柄としての自分〉と〈生身の役者としての自分〉との二重分裂構造を、ごくあたりまえのように生きてしまう。ごくあたりまえのように生きてしまうとは、①まずはそんな分裂構造などまったく意識しない状態で生きているということ、②さらにいえば、生身の自分は消し、そんな自分のことも忘れ、役柄上の自分になりきって、はてはそれが自分だと思いこんでいる、ということである。

考えてみると役柄上の自分など、あたえられた状況下で一過的にひきうけているたんなる仮面でしかない。コノわたし固有のすがた（自己自身）ではない。だから、そんな状況依存的で可変的なペルソナ（役柄・仮面）としての自分を、自分自身（生身の役者なる自己）とみなすことはできないはずだ。それは、生身の役者の存在が、かれの演じる数々の役柄のいずれにも、またその役柄の総和にも還元できないのと、おなじことだ。

だがにもかかわらず、ぼくたちはついそのことを忘れてしまう。忘れてしまうどころか、忘れつづける。忘れつづけていることも、忘れる。つまりこういうことである。

それはわたしではない

くりかえすことになるが、たとえば舞台上で、役者なるあなたはオフェリアを演じている。それはたしかなのだが、しかし同時にオフェリアを演じている生身のあなた自身でもあるはずだ。だからもちろん、あなたはオフェリアではない。あなたはどこまでもあなただ。だが、舞台上ではそんな自分自身を消し、あくまでオフェリアになりきって生きる。なりきればなりきるほど、迫真の演技がみのる。すばらしい舞台劇が成立する。

それとおなじように、たとえばサラリーマンであるあなたは、毎日懸命に会社世界劇を演じて生きる。配役は社長秘書。むろんそれは生身のあなた自身ではない。会社世界劇のなかで配分された役柄にすぎぬ。あたえられたシナリオや演技作法（就業規則や会社言葉や企業計画など）もおおむねきまっている。共演者（同僚）たちとの共同作業でもある。

だが通常ぼくたちは、あまりにも懸命に、あたえられた役柄や立場を生きてしまう。生身の自分のことなど忘れ、ひたすら役柄になりきっている。秘書役を、あるいは主婦や、教師や、タクシー運転手の役柄に専念し、没頭して生きる。「世界」に夢中なのだ。

そのうち、演じている自分自身のことなど、忘れてしまう。むしろ自己忘却こそ、毎日を、活き活きとスムーズに生きるための前提。会社づとめに精勤すればするほど、立派に家事育児に明け暮れれば明け暮れるほど、ぼくたちは自分自身から離れ、自己疎外におちいるのだが同時に、活き活きと生きることもできる。そしていつのまにか、「世界の側から自分を理解する」(SZ. 頻出)ことがあたりまえになる。「世界の側から自分を理解する」とは、舞台世界の側から自分を理解するということである。つまり、役柄を、自分自身ととりちがえるということである。懸命にこの世を生き、だからこの世に没頭し、だから自分をこの世での役柄と同一視してしまう。これが、何度もいうように耽落ということである。

くりかえしておくが、だから耽落とは、世界劇へ深々と入りこみ、熱演している証拠。けっして劣悪な生きざまではない。身も世もわすれ献身する医者や看護婦はその典型だ。しつこいが、だから耽落は、生きがいにみち、活気ある人生をおくるために、ぜひ不可欠な要素である。革命家。勤王の志士。熱血教師。みな立派な耽落者たちなのである。

だが、だからこそハイデガーも強調するように、「生の原パラドックス」(58-2)なのだ。生にいそしみ、まさに生の渦中を生きれば生きるほど、生それ自体は視界から消えてしまう。間近に生きなければ生それ自体はよく分からないはずなのに、しかし間近に生きれば生きるほど生それ自体が分からなくなる。だからこそ、生への「深き」眠りなのである。

ダス・マン自己と自己自身

さてもういうまでもないだろう。生活世界上の役柄としての自分は、その役柄を演じている生身の役者としての自分とは、決定的にちがう。ちがうのに、通常は、前者に重心がかかる。かかるため、どうしても前者ばかりが肥大する。毎日の学校生活、一家をきりまわす主婦生活、多忙なビジネス世界。それぞれがおかれた世界のなかで、それぞれに求められてくる役柄に、気持ちも意欲も吸い寄せられてしまう。だからつい、役柄上の自分に没頭し、いつのまにかそれにすっかり自分自身を重ねあわせていく。

だが、役柄と生身の役者自身とをとりちがえることが滑稽であるように、世界劇場でも、役柄上の自分は自分自身ではない。もちろん、まぎれもなくたとえばあなたは教師だ。だが教師それ自体が、あなた固有の自己のはずがない。でなければ「失業者」にすらなれない。はるか昔、小学生だったあなたは、あなた自身ではなかったことにもなる。

役柄上の自分と、生身の役者としての自分自身とのこの決定的な区別。それを考慮しハイデガーは、生身の役者のレベルの自己を**本来的自己**とか**自己自身**と名づけ、役柄上の自分（正確にいえば「役柄を自分だと思いこんでいる自分」）を、**ダス・マン自己**とか**非本来的自己**とよんだ。ダス・マン（das Man）とは、「一般的なひと」のこと。まるでだれもがかぶれる仮面のように、だれもがその位置につける「一般性のレベルでのひと」、という意味である。

主婦も、教師も、靴屋も、国会議員も、難易度のちがいはあるにせよ、だれにもできる役柄だ。しゃべるべき台詞もおおむね決まり切っている。やるべき課題も、はたすべき任務や期待されているふるまい方も、吐き気がしそうなほど決まり切っている。標準値前後で語り(語らなければならない)、同じようなことに関心をもつ(もたなければならない)。そんな一般性や曖昧さや平均性をこそ、むしろ要求される。つまりダス・マン自己は、べつだん「このわたし」固有のすがたではない。その意味で、「もともとの自分のありさま」ではない。「もともとのありさま」そのままに生きること。それをハイデガーは「本来性」と名づけた。だから、ダス・マン自己は〈非本来的〉と形容されたのである。

本来性のジャーゴンではない

ハイデガーが、世界内に存在している者はだれかと問うて、まずは「ダス・マン」と答えるのは、以上のような理屈からである。ぼくたちはこの世(舞台)のなかで、自分であって自分ではない。たしかにつねにどこででも自分(生身の役者自身)なのだが、しかしたえず、自分ではない「他人の顔」(役柄自己)へ変換されるという仕方で、自分である。

かといって、自己自身が、この世の舞台に登場していない、というのではない。身振りや声の裏づけとなって、あきらかにこの世の舞台に「内在」している。ぼくが話したり、行為したり、夢みたりするその生の現場に、いつも黙って立ち会っている〈もうひとりの自分〉のようにして、あきらかに実在してはいる。

だが気持ちは、目前に展開する劇世界にひきよせられ、そこで演じられている自分の役柄や相手の役目や立場や生活シーンに、つぎつぎと奪われてしまう（これが「好奇心」）。だから自分自身のことなど忘失する。むしろ自己消失（自己忘却）こそ、役柄や世界劇をみごとに生きるための前提。そのためいつのまにか、役柄存在者である自分をほんとうの自分だと思いこむ。こうなれば、二重忘却状態におちいって、金輪際、ほんとうの自分など問題にすらならない。そんなものを問題とすることを「本来性のジャーゴン」（アドルノ）だなどといって、したり顔で批判したり、断罪したりもする（『本来性という隠喩』）。

だが、そんなことではないはずだ。「旅にでて自分をとりもどそう」などと、あたりまえのようにいうではないか。「忙しすぎて自分自身を見失いそうだ」。そんな焦燥感にかられたことは、どなたにもたびたびあるはずだ。そんなときぼくたちはふと、自己の二重性の隙間に、足を踏み入れているわけだ。だれにも覚えのあるとてもリアルな話のはずだ。おめでたいのは、そんな焦燥や不安をしらない、アドルノたちのほうである。

不安の突出

不安といった。まさに不安の正体は、この自己分裂構造である。

この世に生きていること。それは二重性のなかで生きることだから、構造的に不安定だ。だからしずかに不安だ。ズレを生きるのだから、いやでもそうなる。自分ではない自分（ダス・マン）と自分自身とが統合され、均衡を保っているうちはいい。だが限度がある。ズレも大きくなると、クレバスになってしまう。まさに自己分裂症におちいるわけだ＊。

そんな危機にいたるまでもなく、いつも軋みがあり、ズレて生きている。その軋みが、現存在の基調音となっている。不安は日常的情緒なのだ。非意識的生ゆえ、ことさら気づかぬが。不安ということを、ハイデガーが**根本気分**というのは、そんな意味である。

もちろんふだんはなんとない不安のまま。まるで地底にひびく低周波のように、間断なくしかし通奏低音となって、〈不安定〉ゆえの不安が、かすかにひびくばかりである。

その地底にひびく根本気分（不安）が、突然噴きだすことがある。NG。スムーズに流れていた舞台劇が停滞したり、破綻するときである。きっかけはいろいろ。ささいな失敗だとか、愛しい人を失った痛苦だとか。そのとき、役柄上の自分から亀裂した生身の自分がニョッきり顔をだす。なれ親しんでいた自明な世界舞台全体が、なんだか嘘っぽく、じつに居心地のわるい場所と化す。大道具も小道具も、共演者たちも、そこに貫通していたいろんなシナリオ（規範・道徳・習慣）もすべてが、そのなれ親しんだ表情を剝落させ、無気味な相貌（非有意義性）で押し迫ってくる。離婚を決意した日の家庭劇のように。

＊　人間だけが狂うことがある。その「可能性の制約」がこの自己の二重性構造である。この構造ゆえにスキゾフレニア（二重性統合不調症。俗にいう分裂病）がある。逆ではない。

良心の声——「現実の現実」を生きる自分からの伝言

そんな不安はやはりつらい。だがいうまでもなく、夢（ねむり）からさめただけだ。舞台上で虚像の役柄（他人の顔）を演じていた自分のありさまを、画然と理解してしまっただけである。「現実の社会生活」なるものが、大がかりな仕掛けの巨大なショー（映画『トゥルーマン・ショー』）だったことに、気づいただけのことである。ほんとうはゆえ知らずこの世という舞台に投げこまれ、じつはコレッと言い切れるだけの根拠も理由もないままに、とりあえずありつき、あたえられたこの世の役柄におのれを託しながら、なんとか当座をしのいでいた。そんな「自分の負の正体」（**負い目**）が、白日の下にさらされただけのことだ。

不安をおぼえるとはその意味で、舞台上で悦にいっている自分（ダス・マン自己）にたいし、本来の自分（生身の役者自身）が、「それはわたしではない」という自己疎外の声を、しずかにあげていることの、別表現である。この自己疎外のしずかな声。「それはわたしではない」

というズレの軋み音。それが、有名な**良心の無言の声**にほかならない。

もちろんここでいう良心は、道徳的良心ではない。だから社会規範が内面化した自己規制装置のことではない。むしろ逆。演劇世界の中のさまざまな規制でがんじがらめになった生身の自分があげる悲鳴のことだ。映画『マトリックス』のように、「現実の現実」に生きている自分からの伝言である。これはじつはどなたもなじみのことではないか。

主婦や学生を立派に演じて生きているのだが、しかし主婦であることや学生であることは、自分自身とは〈どうもちがう〉という違和感や、ズレの感触のなかで生活していること。それはよくあるはずだ。むしろたいていそうじゃないのか。役柄が不満だということでは必ずしもない。めぐまれた役柄だとすら想っている。懸命にだから生きられる。だがそのうえで、なぜか軋む自己内の亀裂音。茫漠とした違和感。いつもどなたにもかすかに響いているこの「内なる無言の異議申し立て」。それが良心の声である(SZ. 五五〜五九節)。

通常その軋み音は小さい。だがいつになく増幅され響き渡るときがある。それがさきにのべた不安の突出である。それもこれもすべて、自己の二重性というぼくたち自身のこの世でのあり方に起因する。自己分裂の解消なしには、不安は生涯つきまとう友だ。

俳優的自由のとりもどし

もっとも、否定的なものを肯定形へ変えるのが、ぼくたちのオントロギー。不安もまたそうだ。不安はつらい。ズレの軋み音は耳に痛い。がしかしそれは同時に、自由のとりもどしでもある。それまで、それが自分だとかたく信じてきた役柄。教師や妻としてのつとめだけが自分のリアルな生だと想ってきた一種の自己倒錯。その呪縛がとれるからだ。懸命に生きてきた熱演舞台への没頭状態（耽落）から、フーッと覚めるのである。妻だとか学生だとか、あるいは日本人だとか、男だとか女だとか、弱いとか強いとか。そんなこの世の役柄や弁別からもともと離免され、身分なき身分として、この地球という星のうえに生まれ、生きている「自由な自己」にめざめるのである。だからハイデガーはいう。

「不安は、もっとも固有な存在可能性へかかわる存在――いいかえれば自分自身――を、選択し把握する自由にむかって自由であることを、現存在にあらわにする」（SZ. 188）

その意味で不安は、自己自身をとりもどす絶好のチャンスなわけだ。いかなる世界舞台からも乖離し、いかなる役柄にも拘束をうけない「俳優的自由」（ジンメル）に、気づく扉なわけだ。深きねむりから深きめざめへの〈道〉において、なぜ不安分析が重要なファクターになっているのかも、以上からしられよう。

不安をいだかせないように、不安がらないようにと、近代という文明の箱庭は苦心してきた。学校も家庭も社会環境も、おおむねその方向でいとなまれる。だが、それは結果的に、ぼくたちの自由を奪い、ぼくたち自身を喪失させる、たくまざるトリックだったと、いえるかもしれない。

そんな不安が、明確におとずれるのは、やはり死を痛感するときだろう。この世という舞台も幕をおろす。その終幕を実感するそのとき。不安（＝自由）は最高潮に達する。死や時や歴史の問題群が、まさに問題となってくるのも以上のような文脈からである。この問題にうつる前に、自己分裂構造と深くかかわる「共同性」の問題に論及しておこう。

相互存在と共存在

自己存在の二重性。それはあくまで自己論だ。が、しかしそんな自己の二重構造の理解が、意外にも、「相互存在」(Miteinandersein)とか「共存在」(Mitsein)といった、『存在と時間』における他者や共同体にまつわる概念装置を、鮮明にしてくれる。

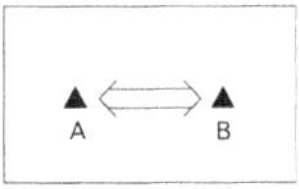

この世という舞台の中で、ぼくたちはさまざまな人間関係や社会関係を、演じて生きる。たとえば図に記すAとBとの間。その両者の間には、憎しみあい、師弟関係、労使関係、主従関係、相思相愛に無関係、敵対関係から一致団結まで、それぞれの立場や役柄や場面に応じ、じつに多種多様な関係性（⇔。いわゆる間柄）が形成される。「内世界的に」（＝演劇世界内部で。図の□枠内で）成立する、

こうした人間関係や社会関係。これが**相互存在**である。

しかし、こんなさまざまな相互存在（演劇内関係）が成立するためには、最低限みたされなければならない前提条件がある。それは、AもBも同じこの世（この本の空白の紙面）に《共に在る》、ということだ。群れたり、魅《ひ》かれたりできるのも、連帯したり殴ったり、協力したり妥協したり、誉めたり罰したりできるのもすべて、そもそもAとBとが、同じこの世を《共にしている》からだ。《共に在る》から、愛しあうことはむろん、殺したいほど憎むことも、逃げたり、孤独をかこったり、メル友になったり、見ず知らずのまま通りすぎることも、可能になるわけだ。それは、役者たちが役柄のうえで、たとえば敵味方だとか恋人どうしといった演劇内関係を結ぶことができるのは、そもそもかれらが生身の役者として、同じ舞台上で《共演している》からだということと、事情はいっしょである。

もっとも、この〈共に在る〉という存在論的事実に、ぼくたちはたいてい気づかない。熱演のあまり「演劇内世界」に夢中になっているからだ。だが、そんなぼくたち本人の意図や感情とはかかわりなく、表舞台のいわば〈裏舞台〉で、無条件に成立しているこの《共在》（coesse）の次元。世界舞台を可能にしているそもそもの前提をなしながら、それ自体はいっさいの関係性や規定をまぬかれ、表舞台からは消えてしまう、まるで空気のような共同性。これが**共存在**である（J・リュック＝ナンシーの「無為の共同体」の発想の原型にもなった）。

だからもし、「共に在る」というこの存在論的事実がなければ、どんなに社会関係をつくりたくても、共同したくても、不可能だということである。ということはつまり、「共存在」が、社会や共同体や国家形成の大前提（存在論的起源）だということである。

こんな共存在の痛感が、相互存在（間柄）を起点にする従来のエチカとはまったく「別のエチカ」（「現存在と現存在との間の根源的な交わり」26-270。「本来的な実存関係」26-175。「根源的エチカ」9-357）を、展望させてもくれるのだが、この話は第四章で主題的にあつかうことにしよう。そのまえに、そんな「共に在る」ことを無惨にもうちくだく、死の話にうつろう。

3　舞台はめぐる

なぜ映画はおもしろいか

死の話。どうせ深刻になる。まずはたのしい映画の話題から、はじめよう。

映画はおもしろい。つぎつぎおもしろい映画がやってくる。たくさんあって困るほどだ。

それにしても、なぜ映画はこんなにおもしろいのか。おもしろい映画とは、いつまでも見つづけていたいと思わせるほどすばらしい映画。そう、ラフにいいかえていいだろう。

では、いつまでも見ていたい（＝おもしろい）映画であるために、最低みたさなければならない条件は、なんだろう?

脚本がいい。映像がすばらしい。監督の力量や、俳優の演技力がすぐれているなどなど。いろんな要因が考えられる。だが、それらはかならずしも、不可欠ではない。台本が不完全でも、未熟な役者なのに、感動的な映画はいくらでもある。どんなに映像がきれいでも、すぐれた台本なのに、じつに陳腐な映画もある。だとすれば、そうした要因は、おもしろい映画であるための、必要条件ではないことになる。

では、おもしろい映画であるために、最低みたさなければならない条件とはなんなのか。それはじつは、エンドマーク。「終」とか、The Endだとか、エンドロール。

もしこんな終了マークがでてこなかったら、どうだろう。だから、いつまでもいつまでも、その映画を見つづけなければならないとしたら、どうだろうか。

吐き気がする。拷問のようだ。逃げ出したくなる。

おもしろい映画だから、それは定義上、いつまでもいつまでも見ていたいはずの映画だ。当然、終わってほしくない。だが、ほんとうに終わりのないエンドレスフィルムだとしたら、とたんに恐怖映画になってしまう。奇妙なパラドックスだと、いわなければならない。

幸か不幸か、映画は終わる。どんな映画にも、終わりだけはある。

ではこんどは、そのエンドマークを想いながら、もういちど銀幕に目をもどしてみよう。

おなじ一コマ一コマの画面が、妙にひかりをおびてこないだろうか。終わりという事実が、かえって映画をかがやかせてはこないだろうか。しかも異様なほど。

さて、世界劇場で上演されるぼくたちの人生劇。それもまた、事情はおなじはずだ。だれだっていつまでも生きていたい。すくなくともそう思える愉しい人生を生きたいと願う。だから死にたくはない。終わってほしくない。死ぬのはいやだ。死は怖い。

だが、もしほんとうにいつまでもいつまでも生きていなければならないのだとしたら、どうなるのか。さきの映画の理屈からすると、愉しい人生が、とたんにつまらなくなる。むしろ、人生に終わりがあり、そのつらく哀しい死を想えば想うほど、いまこの一瞬一コマの生の光景が、かがやきをますことになる。

「君は自然の美しいのを愛し、しかも自殺しようとする僕の矛盾を笑ふであらう。けれども自然の美しいのは、僕の末期の目に映るからである」(「或旧友へ送る手記」)。そんな芥川龍之介の文章も思いあわされてくる。まさに奇妙なパラドックスといわなければならない。

エンドマークにまつわるそんなパラドックスを、頭のかたすみにそっとおいたうえで、ハイデガーのじつに独特な死の思想に潜入しよう。

日々の臨終

死者ばかりが死んでいくのではない。生きながらぼくたちもみな、臨終している。

まずはこの奇妙なロジックを理解することから始めよう。ハイデガーはこういっている。

「ぼくが、ぼくの現存在（生）の〈最期〉にそうであるだろう存在。それは、じつはぼくがどの瞬間にもそうでありうる存在なのだ」（20-433）

「最期」とはむろん、生の末端の死去の時。そのとき、ぼくたちが死に切迫され、まさに死へ至る瞬間にあること。このことを、だれも否定はしないだろう。

だが、ハイデガーはそんな平凡なことを確認しているのではない。ハイデガーの死の思想の独特なところは、そんな最期のありさま（「死への存在」）が、じつはどの瞬間にもあてはまる様式だと見ぬくところにある。刻一刻、毎瞬が死に切迫され、死へ至る存在構造をしている。それが「もともとの生のありさま」（本来性）。そうハイデガーはいうのである。

「死は、現存在（生）においてまだ未済なにかのことではない。死は、現存在（生）が現存在（生）であるかぎり、その存在のなかでさし迫るもの、しかもたえずさし迫っているもの」（20-432）

だから有名な「死への存在」とは、ぼくたちのいわば日常性。まさに「死の瞬間が生命の標準時」（藤原新也『メメント・モリ』）というわけだ。パウロもいっている。「日々ぼくは死んでいる」（「コリント人への第一の手紙」15-31）。日々どころか、毎秒、毎瞬、死んでいる。

いまここにある死

だが、どういったって頭だけの理解。くさいお説教にも聞こえて終わる。そこで、海馬回路の奥底に刻みこんで、ぼくたちの自然な吐息とするために、ふたたび映画のことを考えてみよう。映画も上演芸術。世界劇場論の一バリエーションと、ご理解いただきたい。

映画のフィルム。図のフィルム末端（▒）が、死（終わり）に切迫され死へ至る一コマであることは、どなたもご異存なかろう。その最期の一コマをスクリーン上に映写すれば、左側の図（銀幕上の動画面）となる。

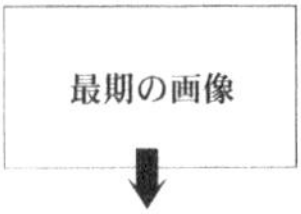

⬇は、終わり（死）に臨む動性（**臨終性** Endlichkeit）を示す。それはしかし考えてみると、つぎの画面へ移行しようとする動性。べつだん最期の画面だけに固有の動性ではない。動画であるかぎり、どの画面もみたさなければならない前提構造だ。最期の画面の場合、たまたまつぎの画面へ連接していかないだけ。それ以前の画面の場合、消失するこの動性ゆえ、ふたたび画面がもどってくれる。つまり、終わり（死）に臨む動性は、どの画面にもあり、それが同時に、

あらたな画面を生みだす動性ともなっているということだ。

終わりなのに初め

そんなスクリーン上の画面のことを、いま一度静かに想いうかべてほしい。むしろあなたご自身が、上映中の画面だと想ってほしい。一枚の銀幕のうえに、刻一刻くりひろげられる動画面（現存在）の、奇妙な死と生との同時進行が、みえてこないだろうか。

左の図をごらんいただきたい。動画である上映中の画面は、映しだされた端から消失し

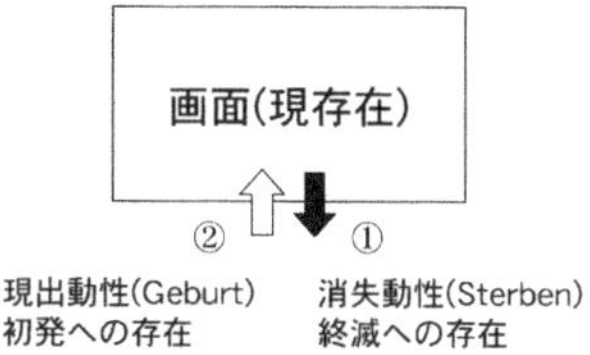

①、消失しながら同時に現出しているはずだ②。現出しながら消えているというべきか、消えながら現出しているというべきか。死が生で、その生が死となり、その死において生がはじまる……。そんな生（初発）と死（終滅）との奇妙なパラドックス構造、あるいは同時進行。だからもはや、終わりと初め、死と生といった思い慣れた二分法ではわりきれない、両項の奇妙な回互運動のなかで刻一刻、画面が生起していることが、おわかりだろう。

いうまでもなく、この動画（Movie）現象を、生（Life）現象になぞらえることは、ゆるされよう。ぼくたちの生もまた、まさにライブの動

画、生《なま》の演劇だからだ。だから、生存の各瞬間もまた、スクリーン上の一瞬の映像同様のなりたちをしているはずだ。

つたないこの本から目をはなし、眼前のあなたの生の光景に目をそそいでほしい。萌えたつ緑。聞こえる物音。のみならずあなたの今この瞬間の生。毎瞬毎瞬が終わっていく動性①と、毎瞬毎瞬が始まってくる動性②。そのふつうなら互いに矛盾しあう二項の同時進行現象として生起していることを、うっすら感じとることができるのではないか。一方で**終えていく動性***。他方で**始まってくる動性**(Sein zum Anfang [Geburt])。この二つの動性があいより、しのぎあう、張りつめた一点に、刻一刻の生の瞬間が成立しているはずだ。

* Sein zum Ende [Tode]。いわゆる「死へ至る存在」。この動性をハイデガーは一言で「死ぬこと」(Sterben)ともいう。生理学的な「失命」(Ableben)とは区別されよ。本書一七〇頁以下参照。

かげとひかりのひとくさり

生と死とが回互する、こんな存在論を考えていると、どうしても宮澤賢治のことを想い出す。『存在と時間』が書かれていたちょうどおなじころ、極東アジアの片隅で、賢治もまた、おなじようなことを、つづっていたからだ。

『銀河鉄道の夜』(初期形)のラスト。主人公ジョバンニは、親友カンパネルラが死の暗黒へ呑みこまれるさまを、しかと目撃する。その直後。まるで釈迦を想わせるブルカニロ博士が、「セロのような声」だけで登場し、「ほんとうの世界」のなりたちの秘密を解き明かすくだりがある。

「みんないっしょにぽかっと光って、しいんとなくなって、ぽかっとともってまたなくなって、そしてその一つがぽかっとともるとあらゆる広い世界ががらんとひらけ、すっと消えると、もうがらんとしたただもうそれっきりになってしまう。だんだんそれが早くなって、まもなくすっかりもとのとおりになりました」

刻一刻に生滅をくりかえす天地いっぱいの自然宇宙。それをまずはスローモーション画像に落として、その一瞬のありさま（仏教で「念々起滅」とか「刹那滅」という）をみせたあと、またもとの動画（毎秒二四フレームのコマ送り画像）に戻すという仕立てである。

おなじせりふは、「かげとひかりのひとくさり」とか、「一点にも均しい明暗」（『春と修羅』）といった言い方で、賢治ワールドには、たびたび登場する。しかも、そんな宇宙のなりたちを理解することが、最終解脱《さとり》でもあるかのような文脈でだ。だからたとえばジョバンニは、この天地の生滅の秘密を理解（得度）した証明書として、切符（「天の川のなかでたった一つのほんとうの切符」）を手にするという筋立てになっている。

死は生の現象である

もちろんハイデガーの方はこの時期、天地全体のなりたちにまで、議論を拡大してはいない。あくまでぼくたち現存在(生)の基本構造と考えているだけだ。だがこのことを理解することが、なにかすべての秘密を明かすことになるかのような文脈と、情熱と、口ぶりで語っていることは、事実である(ただしふつうに読んでいてはなんのことかよくわからない)。

ともあれ、そのたえざる運動状態で生起するぼくたちの刻一刻の生。それは、静止画像と比すればまさにだから「動画」だ。動画だということは、ふつうなら相互に離反しあう二分項(死滅と生誕、消失と現出、非在化と在化)が、ふしぎな競合をみせながら同時進行することで、刻一刻ぼくたちの生が成立しえている、ということである。

死といえば、いずれ来るだろう未来のできごと。生命活動の人生行路が続いて、そのあとに生命が途切れることだと、ふつう思ってしまう。降りはじめた雨が止む。道が途切れる。それと同様、「死とは、人生の経過のつながりがパチンと途中で途切れること」(BZ. 16)。そんな死のイメージが、払っても、払っても、頭にこびりついて離れないはずだ。

だが、ハイデガーがいっているのは、「死(正確には死への存在)は生の現象である」(SZ. 246)ということにつきる。「死は、現存在が存在するやいなやひきうけている在り方なのである」(SZ. 245)。生きていることは、いつも同時に、死に臨んでいること(臨終していること=Endlichkeit)。

生は死と、まさに背中合わせということである。

しかしいつも臨終状態であるためには、いつも「臨生」していなければならない。つまりどの瞬間も、同時に「生誕への存在」でもあるということだ。こここそ、ハイデガー哲学の要所なのだが、いずれ次章でくわしく多面的に説明する。いまは、以上の人生動画論からすでにみえてきた時間論と、歴史論とを、説明しておこう。

4　時の秘密

現存在がおこなう運動としての時

まず指摘しておきたいことは、「現存在がおこなう運動としての時」ということである。むしろ端的に、現存在（生）が時である（BZ.19）。時なるものが流れていて、その中に現存在という舟が浮かんでいるのではない。「もともと現存在自体が時なのだ」（21-205）。主客をかえせば、「時が生である」という、M・エンデ著『モモ』の時論にもつうじる話だ。

ここで「時」とはむろん、一瞬の運動生起。さきにみた、①と②とが交差する一瞬刹那のできごとである。だからいわゆる「時-間」ではない。間《スパン》のある、まるで川の流れのような直線時間を考えてはいけない。あるいは、変化の順序を規定する図式（カント）を考えてはいけない。考えてはいけないといっても、ふつう時間といえば、そんな直線時間や計測スケールを考えてしまうから、なかなか得心はいきはしない。いきはしないが、現存在(生命のいぶき)が時だということだけ、まずはしっかり記憶していただきたい。

くりかえすが、時とは一瞬刹那の生起。瞬時のことである。というか、瞬時以外にリアルな時(「根源的時」とか「別の時間」などともいう)などない、ということだ。

「時はけっして長くはならない。なぜなら、時は、根源的に、いかなる長さももっていないからだ」(BZ. 19)

さきにみた動画面。それはまさに一瞬で始まり、と同時に一瞬で終わる。その「生と死との間に伸張する」一瞬刹那の動的生起を、時というわけだ(SZ. 373)。

だから、現存在が生きている〈間〉があるとしたら、それは一瞬だけであり、それで「現存在の全体」は尽きているということになる。そんな現存在のありさまを、だからハイデガーは**刻一刻性**(Jeweiligkeit)とも形容する。はかない刹那の刻一刻の〈時〉が、現存在(生)の全貌というわけだ。だからストレートに、「時は瞬間」とも、「しばしの時」(Weile)ともいう(29/30-224ほか多出)。

「このしばしの時全体、これが現存在だ。しかししばしの時といっても、これは極小のしばしの時。現存在は結局ほんのわずかのしばしの時だ。現存在のこのしばしの時、

つまり現存在固有の時は、現存在にはさしあたりたいてい隠されている」(29/30-228)

もちろん、そのしばしの時なる一瞬刹那は、さきにみたように、とても動的ななりたちをしている。死して消失していく将来的動性は、しかし同時に、つぎの瞬間を取り戻し創出させ、死なずに「在った」(gewesen)という既在的動性へ変成し、その結果、刻一刻の現在へ見開かれていくことに、つらなる。

この三つの動性が、三位一体的につくりなす一瞬の生起。それが〈時〉なのである。

一瞬の間隙すらない刹那

スクリーン上の動画面を、もういちど、想いだしていただきたい。

上映中の画面。それは①「終わりへの存在」と②「始まりへの存在」との同時同一現象だった。つまり、死と生、消失と現出、非在化と在化との「反対項の一致」現象だった。

「先立つ不幸をお許しください」なんていうが、①はまさに「自らに先立つ」(Sich-vorweg)動性。いまこの瞬時の自己から、将《まさ》に来たらんとする〈外部〉へ脱け出ていくこと(Ek-sistenz 実存=外に立つこと)である。その意味で、将来的な時の性格をもつ。

だが、この①の動性を振りだすそのことが同時に、②のあらたな画面を創出する動性へ兌換される。いまこの瞬時の自己を①によって失うのだが、しかし同時にそのことにより、ふたたび「自らへ立ち戻る」(Auf sich zurückkommen) わけだ。

だから②は、自己(画面)を刻一刻「再び取り戻し」(wiederholen)、既在してくる動性。〈先だつ〉①に対しては、〈後づく〉動性とでもいったらいいだろうか。①ゆえ、もうこれでお終い、もはや無いはずの生なのに、①ゆえ発源する②のために、いわば生き戻ってしまう。失うことで取り戻す。消えて無くなろうとしているはずなのに、その将来的な動性としての「死の可能性のほうから、立ち戻って〈生誕すること〉」(SZ.391) が結果し、存在してしまっている (gewesen)。その意味で②は、「既在性」(Gewesenheit) ともいわれる過去的時制の性格をもつ。「事実的な現存在は生誕するという仕方で実存しているが、しかしまた、死への存在という意味では、生誕しつつも死んでいるのである」(SZ.391)。

この将来的動性(死への存在)と既在的動性(生誕への存在)とが同時進行するその、もはや一瞬の間隙すらない〈間〉に、今ここの現在の時が、刻一刻、実っていく。

それはもはや静止画像のような「停止現在」ではない。一方で死へ、他方で生誕へむかう、ある張りつめた力動現象。うちよせる波の波形が、じつは空と海とのあいだの実体なき境界線でしかないように、現在もまた、固定的実体ではない。

刻時性(時を刻むありかた)

この三つの時制（将来性・既在性・現在性）が切りむすぶ、まさにはかない一瞬の時を刻んで生きるぼくたち現存在のありかた（時を刻む刻み方）。それが、いうところの**刻時性**（Zeitlichkeit ふつう「時間性」と訳す）である。あくまで、〈時〉を刻一刻に刻んで生きる、ぼくたち人間存在のあり方や態度を、ハイデガーは刻時性とよぶのである。

誤解ないように注記するが、時なるものが、人間の生と無関係にまずできあがっていて、それを後から刻むということではない。生きるということがそのまま、時をつむぎだすことにほかならないということだ。だから、刻時性と時とは、別々のできごとではない。だから、〈人やモノが直線時間の流れの内部を経過するさま〉なんていう、通念的な意味での「時間性」でもない。一瞬にほかならない〈時〉をどう刻み、どう実現して生きているかという「時の刻み方」、「時に対する態度のとり方」（29/30-191）のことをいう。

ふつう「時間性」などと訳されてしまうのだが、一瞬刹那の時を刻むあり方のことを意味するのだから、「刻時性」という訳語をあてるのが適切だろう。もともと zeitlich は、「時間的」ばかりではなく、「はかない」とか「無常の」をも意味する形容詞。その名詞形 Zeitlichkeit を、だから「時間性」と訳してすますわけにはいかないのである。

ついでにいっておくと、そんな刻時性においてはじめて、時が刻一刻に実現することを、**時の実現**（Zeitigung）という。時はぼくたち現存在が刻んで実らせている、というほどの意味。これも、「時熟」などと訳してしまうと、とたんにお経になってしまう。

そんな時の実現の仕方も、時の刻み方（刻時性）も、ひとえに〈時を生きる人間の生き方〉に相関的である。ぼくたちの在り方に応じ、時の刻まれ方は異なるし、時の実現形態も変わってくる。とはいっても一瞬の時以外にリアルな時はありえない。一瞬刹那がもともと時のありさまだし、もともとぼくたちは一瞬の時を刻んでしか生きてはいないからだ。「もともとの生のありさま」そのままに生きること。それをハイデガーは「本来性」と名づけた。時の場合も同様。リアルな時（一瞬刹那）を刻んで生きているもともとのありさま（刻時性）そのままに生きることが、**本来的刻時性**（ふつう「本来的時間性」と訳す）ということになる。たいそうなことではない。刻一刻、現れては消え、消えては現れる時（生命・存在）のすがたに、ごく素直に応接しているだけのことだ。

だがそうはいっても、そんな一瞬刹那の〈時〉などしらずしらず時を刻み、時を過ごすあり方も可能だ。時を刻んで生きていることもしらずに時を過ごす刻み方も、刻み方の一つにちがいない。それが、いうところの**非本来的刻時性**である。

強調しておくが、非本来的刻時性（ふつう「非本来的時間性」と訳す）というぼくたちのありさまは、すこしもおかしなことではない。銀幕上の画面にみとれそこに没頭し、まるで連続した映像世界しか見えないというのが、むしろ自然だろう。時間とは流れる直線状のすがたをしていると思いこんで生きているほうが、だからノーマルだ。上映中の映画の一コマ一コマを、刻一刻の生滅運動とみるほうが、不自然。どうかしている。特殊で異様だ。

なんだか、いかにも話が込みいってきた。以上のことを簡潔にするためにも、このあたりで、車輪と轍の比喩を導入しよう。もやもやとしたものが、すっきり晴れるはずだ。

時の車輪

図をごらんいただきたい。先駆けること（将来性）が立ち戻ること（既在性）と重複するとこれまでのべてきた。あるいは死への存在が、生誕への存在と同時進行するという言い方もしてきた。それはこの車輪のように、前駆動性が後駆動性と回互するという意味である。

時の車輪

前駆と後駆が合わさってはじめて時（生）という車輪が動く。そういっていいだろう。

刻一刻の死への動性（前駆）。そのつもりで前駆する車輪（生）なのだがしかし同時に、後駆し、いまこの一瞬の生へ立ち戻ってしまっていく(gewesen)。これが既在化の動性。そんな車輪の動きのような瞬間の生を、刻一刻に回転させていること。これが、「刻時性」である。そしてそのことに気づいて、自覚的に生の車輪を駆動させていくことが「本来的刻時性」であり、そのことに気づかず生の車輪を生きている姿勢が「非本来的刻時性」である。

もうすこし、ていねいにいえばこうだ。

①一瞬後どころか、まさに足下方向への車輪の前駆(終滅・非在化)を覚醒的にひきうけながら(死への先駆という将来的時相)、②同時に、刻一刻の新たな後駆(生誕)に覚醒しつつ在化し(刻一刻の今ここを取り戻し反復する過去的時相)、③そのような刻一刻の死と生誕との〈間〉に瞬時烈開する現(Da＝今ここの瞬間)をしかと目撃すること(「瞬視」という現在的時相)。

この、①**先駆**(覚醒的非在化)、②**反復**(覚醒的在化)、③**瞬視**(覚醒の瞬間)がおりなす三位一体的な同時進行現象。それが、「本来的刻時性」である。

そんな本来的刻時性を生きる人のありさまを、ハイデガーは、「**瞬間に立つ人**」という言い方で、つぎのようにいう(N. I. 311)。

「瞬間の内に立つ人は、二重の方向をむいている。かれにとって、過去と将来は、対流的に経過する。かれは、この対流的なものを、自分の内で衝突させている」

まさに車輪構造どおりのあり方だと、いわなければならない。とうぜん、このような刻時性において打刻されてくる〈時〉は、先駆の側面では臨終的(endlich)な相貌を、反復の側面では初発的(anfänglich)な相貌を、瞬視の側面では刹那的(augenblicklich)な相貌をおびたものということになる。つまり、終末にして創造の瞬間が、〈時＝存在〉だということだ。だから、天地創造にして同時に世界の終わりでもあるような一瞬を、刻一刻すごすという、ある意味ではじつに質朴な実存姿勢が、「本来的刻時性」ということになる。

轍を車輪だと錯覚する立場

とはいえ、もちろんふだんぼくたちは、刻一刻の瞬間刹那の時を刻むなんて、そんな時の刻み方をしていない。刻んでいないというより、そんな時の刻み方をしていないと思いこんでいる。思いこんだうえで、時なるものを直線状のものとみなす。みなしたうえで、まるで川の流れのような〈時間〉を生きているつもりになっている。直線時間表象（ハイデガーは「世界時間」とか「計測時間」という）に、すっかり意識が捕囚されているからだ。

直線時間とは、一本の直線路があって、それが過去・現在・未来の三区間に分かれているとする、あのぼくたちになじみの時間イメージ（本書一七八頁の図参照）。当然、過去とは、現時点の後方部分。未来とは、いまだ現時点に未着の前方にひろがる延長線。そう想っている。だから、直線時間を基軸に去来するさまざまな時間意識（約束・カレンダー・回顧・予測・スケジュール・後悔）内部を、ごく当然のように生きて疑念をいだかない。後方の過去部分を追想したり忘れたり、あるいは前方の未来部分を期待したり不安がる。すべて時の幻影なのにである。いうまでもなく、これが「非本来的刻時性」である。

それは、さきの車輪のたとえでいえば、轍を車輪だと想っているようなものだ。つまり、車輪(時)の痕跡を、車輪ととりちがえているのである。それは、端的にいって誤認。あきらかな錯覚である。走り去ったランナーの残したクツ跡を、ランナーの生きたすがたと勘違いしているのと同じことだからだ。

たしかに車輪(ランナー)がなければ轍(足跡)は生まれない。その意味で轍(直線時間表象)は、車輪(時)の派生態。轍に囚われた非本来的刻時性は〈時の影〉を見ている点で、たんなる幻覚ではない。だがしかし、轍はあくまで車輪の残した痕跡だ。車輪ではない。

誤解されると困るので、あえておぎなっておく。

轍を車輪ととりちがえようと、とりちがえまいと、ぼくたちの存在はいつもすでに車輪である。時の車を回して生きるしか、ぼくたちがこの世に存在する仕方などないからだ。だから、本来的であろうとなかろうと、だれしもいつもすでに、車輪を回して生きている。そんな仕方で刻まれる時(生)しか、リアルな時はどこにもない。

そのリアルな時(車輪・生身のランナー)をすっかり忘れ、時が残していく線状の痕跡(轍・足跡)を時だと思いちがいしているから、非本来的なだけだ。

一瞬刹那がぼくたちの全生涯である

そんな時(生)が、刻一刻に生滅する瞬間の生起(Geschehen)であることはすでにのべた。この生起ということから必然的に、歴史(Geschichte)論がみちびきだされる。というより、時の具体化が、歴史である。車輪といったって、タイヤもある。木製車輪も、自転車のスポーク車輪も、機関車の鉄車輪もある。ゴムタイヤだとしても、大きさも劣化の度合いも模様も色も、種々雑多。実際は時々の陰影をおび、具体的なすがたをもった個々の車輪(歴史)から、基本構造だけ抽出したものが〈時〉だと、ご理解いただきたい。

歴史は、人間の存在の〈全体〉を、つまり生誕し死亡するまでの生涯(「生誕と死との間の現存在の伸び広がり」SZ.373)をどう考えたらよいのか、という議論のなかにまず登場する。むろん、通念(直線時間論)からすれば、愚問だ。生涯とは、生誕と死亡との中間地帯。過去の方向の一端に誕生があり、未来の端に死亡があり、そのゆりかごから墓場までをむすぶ直線区間のこと(SZ. 373)。考えるまでもない、じつに自明なことだ。

だが、リアルな時(車輪)の考え方からすると、そのような間隔や区間という名の持続時間(轍)など実在しない。時は、刻一刻の刹那だけである。そしてその〈時〉が、一方で「死への動性」、他方で「生誕への動性」を内填し、その両動性の相互包含的な〈間〉として、ぼくたち現存在が生起する。その意味で、一瞬一瞬の刹那存在それだけですでに、「死と生との間の伸び広がり」としての生涯概念の内包をみたしている。つまり、一瞬刹那の存在が、「現存在の存在の全体」(随所)である。直線時間論からすれば儚《はかな》くみえるどの一瞬もが、全生涯であり、〈生誕から死までの全幅〉を尽くしていることになる。

「現存在は、自分の存在を〔死亡と生誕とへ〕伸張することとしてはじめから構成されるという仕方で、みずからを〔死と生誕とへ刻一刻〕伸張している」(SZ. 374)

つまり、現存在は、その外部に誕生や死をもたない。実存(車輪)それ自体がもとから、初めと終わりとを同時に内にふくんで展出し、みずからを繰りだし繰りひろげ終滅させていく、「自己完結的な自己伸張運動」(erstreckten Sicherstreckung)なのである。実存の、この自己内発的な刻一刻の生滅性に着目してえらばれた概念が、そもそも「生起」である。そんな生起論が理解できれば、これまで誤解や糾弾ばかりにさらされてきた、ハイデガー独特の一連の歴史語群も、すっきり理解できるようになるはずだ。

歴史性・宿命・運命

まず、素朴な確認をしておくが、今ここのこの一瞬の生起は、「二度とない、永劫に唯一一回きり」である。時は今ここに始まって、今ここで終わってしまうのだから、そういうしかない。この「唯一一回性」ということが、「歴史的」という形容詞の基本義である。

そんな唯一一回的な今ここの生起を、刻一刻、だれしもが過ごしているありさま。それを、**歴史性**(Geschichtlichkeit)という。刻時性と同様に、歴史性もまた、あくまでぼくたち現存在のあり方(実存カテゴリー)のことである。

一瞬の生起を見過ごすことだって、立派に〈過ごし方〉にはちがいない。それが**非本来的歴史性**である。これに対し、刻一刻の生起のその唯一一回性を自覚し、覚醒的な態度(打ち開かれた態度Entschlossenheit)で過ごすあり方が、**本来的歴史性**(歴史性の覚醒態)である。

もうすこしおぎなっていえばこうだ。つねに過ぎ去りゆく一瞬が、生。その一瞬の生をしかと目撃し、ことさら引き受け、そこへ開けきっていこうとする態度。それが、本来的歴史性ということである。だからとくに**宿命**(Schicksal)ともよぶ。

「打ち開かれた態度にふくまれていることだが、瞬間の現(Da=今ここ)へ、先駆するというしかたで引き渡されていくことを、宿 - 命という」(SZ. 386)

文字どおり、〈命が宿る、この世に、刻一刻に〉。それくらいの意味で、「宿 - 命」をお考えいただきたい。だから「宿 - 命」とは、《今ここの刹那の命の宿りを享け、その唯一一回性にピタッと即応しつつ(sich schicken)過ごすありかた》、というほどの意味。もはや通念的な歴史性(人間が伝承や時代や社会に制約されているありさま)や、宿命概念(人間の意志を超えて身に及んでくる事のなりゆき)とは、一線を画す次元のはなしである。

もしそうであれば、ハイデガーのいう**運命**（Geschick）も、通念から大きく離れて考えなければなるまい。運命とはおおむね、《今ここに登場する物や人と、永劫に唯一一回きりの出逢いの時を果たしていること》ほどの意味。本人が気づいていようといまいと、《奇しくも今ここで座を時を共にすること（Mitsein）》といった仕方以外に、人がものや他者に出逢うありかたはない、ということである。すべてのものが「命を共に運ばれている」(Ge-schicken)。そのぼくたちの存在様式を、「運-命」というわけだ。「運命ということで理解しているのは、現存在が他なるものと共に在るという生起のことである」（SZ. 386）。

だとすれば「運命」は、「存在論的めぐりあい」が適訳かとおもう。けっして通念的運命概念〔意のままにならない超越的な力に左右されていること〕ではない。一期一会的な、ささやかだが気づけば清冽きわまりない、ぼくたちのリアルなありさまだ。相手も場所も時もえらばない。すべてのものに、いつどこででも無条件に樹立されてゆく、存在論的共同性つまり「共存在」の実現のことである（本書一一六頁参照）。

当然、ひところ喧伝された大時代的な運命共同体的発想とは、なんら関係がない。

唯一比類なき一回性

以上のことから、**歴史**（Geschichte）とは、《一度きりの今ここにしかない生起》のことであることは、論をまたない。「生起」はそもそも一度きり、二度ない現象だが、生起(存在)のその唯一一回性を強調した概念が、歴史だといっていいだろう。

だからもっとひらたくいえば、この世に生きているどの瞬間もすべて唯一一回きりゆえ、どの瞬間もとりかえようもなく独自で、稀有な驚愕現象だ、というほどの意味である。

たとえば、リンゴを食べる。空を見上げる。嘘をつく。朝刊のインクで手を汚す。そんなささやかな生の一コマ一コマが、気づいてみれば、刹那生起の時。もう二度と帰らない瞬間。同じようなことは、明日も来年もあるかもしれない。しかし今日〈このリンゴ〉を食べたという「生の事実性」(Vixisse)そのことは、もはや永劫に二度とありえない。

そんなありさまを、示しているのである。

つまり、変哲もなくみえるどんな日常の出来事も、それが生起したというその一点ですべて「記念碑的」、例外なし。歴史の教科書には、そのほんの一部が掲載されているにすぎないということである。「現に《在ること》が、歴史だ」(65-323)といった言い方で随所に出る(たとえば38-110)。むろんいうまでもなく、ふつうにいう歴史概念＊ではない。

以上から歴史語群はすべて、時(存在)の「唯一比類なき一回性」(BZ. 27)という根本特徴をベースとする概念群であることがしられよう。そしてどうして歴史の問題が、『存在と時間』の最終部分におかれたかという理由もすでになんとなく、おわかりのはずだ。『存在と時間』が最終的に〈言おうとしたこと〉（形式的に指標していること）が、この歴史性ということなのだ。死や時の分析は、そのための伏線にすぎぬとすら、ぼくは解釈している。

＊「世界歴史」ともいう。それは、①過ぎ去った出来事、②現在的なものの起源や由来となって現在にまで影響を及ぼす力、③伝承されたもの、④物理的自然に対する文化や精神、の総称である。

硬直から流動へ

さてふりかえってみれば、この『存在と時間』は、ある一筋のプロットに、つらぬかれているように思う。それは、硬直したぼくたちを軋ませ、揺り動かし、すべてを、流動する運動態へ還元しようとする発想である。

なににつけ、ぼくたちはすぐ固定した舞台にすがってしまう。確固とした実体あるモノを想定し、その総和や事後関係としてできあがる安定した絵柄のなかで、ものを考えてしまうくせがある。たとえば主客の二元論。まずは確固とした人間主体を設営し、それに対置するまるで静止画像のような世界を想いえがいてしまう。そしてそのあとで、ものごとを考えはじめるから、空間といえば、巨大なボックス状の三次元空間を想う。時間といえば、川の流れのような直線状の持続過程を考えてしまう。自己も、歴史も同様。すべてが、じつに静態的で固定した構図のもとで、考えられてしまうのである。

その硬化した思考舞台を溶解し、まずは「気づかい」という生の動態性へ還元し、つぎに刻一刻に変異する時へ、はては唯一一回的な生起(歴史)へと連行していくこと。しかも、ぼくたち読者自身のかじかんだ実存自体を流動化し、〈時を時として刻む〉よう仕立て直すことを通じて。それが、『存在と時間』という〈道〉が実現しようとしているトレーニング。そういっていいだろう。

なかでも、なにより根深い固定観念がある。それが従来の存在観。それは存在を、「目前に在ること」(Vorhandenheit)とみてしまう存在観である。「目前に在ること」とは、内的な生動性を欠落させた、まるで延べ板のようにダラーッと現前し存続しているとする存在観。ふつう存在といえば、そんな〈恒常的現前性〉を考えるのがつねだ。

この思考習慣こそ、『存在と時間』の最大の標的である。その存在イメージの前提には、ある特定の時間観念が固着している。時を、川の流れのような直線時間とみる、あの根深い偏見がそれだ。つまり、存在の理解の仕方が、時の見方に規定されている。時をどう刻むかというその時の刻み方(刻時性)が、存在をどう理解するかの前提アプリケーションになっているということである(そのことに注目して、刻時性をとくに**テンポラリテート**ともいう)。だから、存在の味を問うことを最終課題とする『存在と時間』は、ぼくたち人間存在の刻時性という基本構造を、ひいては唯一一回性なる歴史を開明しようとしたのである。

とすれば、ハイデガーがいいたいことの要点は、〈時を時として生きる姿勢〉を、つまりは本来的刻時性を、ひいては本来的歴史性を、とりもどそうということに、つきる。「ほんとうに生きているひとには、いつも時がある」(15-359)そういわれるのも、そのためだ。

書かれざる第一部第三編にかえて

ではさらに問わなければならない。

なぜハイデガーは、時を時として生きること(ひいては歴史を歴史として生きること)を、そんなに強調したのか。「時を時として生きることが、原始キリスト教の根本経験である」(60-81)とまで、かつて初期講義では語っていた。もちろん熱い共感をもって。だからこそ、伝統的キリスト教からの訣別がおこったほどのことだ。

では、時そのものを生きることが、どうしてそんなに凄いことなのか。

もちろん形式的に答えることは簡単だ。時が生起であり、唯一一回性だということは、「存在神秘」を示しているからである。これまで、イカガワシイ言い方で主張するばかりだった、この存在神秘。時論と歴史論という難路をぬけ、ぬけながら実存変容という準備トレーニングを終えたいま、やっとくわしく語ることができる地点にきたようだ。

この存在神秘。じつは明晰なロジックで、精密に証明できる。その理路を、これからは、『存在と時間』だけではなく、かれの全著作を手がかりにしながら、さらにはもうハイデガーからも自由になりながら、たどっていくことにしよう。

第四章——存在神秘の証明

地に依りて倒るるものも、必ず地に依りて起く（道元）

1 在りて無き世

音は消えながら現れる

音はふしぎだ。在るやいなや、すでに無いからである。

目を閉ざしていただきたい。いろんなもの音が聞こえてくるだろう。

夏日を溶かしてふりそそぐセミしぐれ。車の走行音。遠くかすかに風鈴。近所で遊ぶ子供たちの歓声などなど。たくさんのもの音が聞こえてくる。まぎれもなく現れている。なのに同時に、ただちに消えているはずだ。

音は現れては消え、消えては現れる。むしろ消えながら現れるというべきか、現れることで消えているというべきだろうか。「音楽は、音をどう鳴らすかではなく、どう消すかの工夫である」。そんなことをいった、武満徹の作品も想い出される。

いずれにしろ、現出かそれとも消失かの二者択一しかみとめない、ぼくたちになじみの二分法思考を軽々とつき破って、もはや両者が同時進行するとしかいいようのない緊密さで、音は経験されてくるはずだ。音は在るのに無い。まるで時の構造といっしょだ。

あるいは雲。雲もまた、ふしぎな在り方をしている。かたちがあるようでない。一瞬たりとも固定形をとらない。よくごらんになっていただきたい。雲は、形を失うことで、形をとっているはずだ。自己崩壊が、自己形成と、同時進行するのである。

合理主義という名の非合理主義

消滅と出現。不在と現前。死と生。無と存在。崩壊と形成。

これらはいずれもふつうだと、たがいにそむきあう対立概念。両項が、同時に並びたつことはない。だから、「音は在るのに無い」とか、「雲は崩壊しかつ形成している」などということは、もちろんまちがっている。《主語Sは、述語Pと述語非Pとを同時にもつことはできない》。この矛盾律(論理学の四大原則の一つ)に、あきらかに違反している。論理学的にみて、りっぱな虚偽命題だといわなくてはならない。

だが理に合うことだけ考えるのは、合理主義ではあっても、この世の現実(reality 存在・真実)にふかく迫っている保証はない。ぼくたちの思考には、さまざまな可能性が宿る。理に合わないことを、理に合わないままみとどけようとする思考の可能性もある。思考のそうした諸可能性を排除し一つにきりつめ、すべてをせまっ苦しい規則に隷属させることが、合理主義にすぎない。合理主義とはその意味で、理に合わないことを〈無理〉に理に合わせようとする過度の合理化であり、知の暴力。つまり非合理主義の一類型にすぎない。

だから、その非合理主義である合理主義によって現実を裁断することは、現実を縮限したり簡略化することにはなっても、現実のリアルな洞察である保証はいささかもない。現に、音や雲とおなじ事例は、その気になって周囲をみわたしてみれば、いくらでもみいだすことができる。音を聞き、雲を見ている当のあなたの身体が、すでにそうではないか？

万物をつらぬく二つの顔

六〇兆個の細胞がおりあげるこの身体。それもまた、新陳代謝というかたちをとりながら、刻一刻の死滅とひきかえに、その刻一刻のあらたな生誕へ振り替えられている。寸前の身体組織全体を失っていくことが同時に、あたらしい身体組織の獲得となる。あるいは逆に、あたらしい身体組織を代償にしながら、身体組織全体の崩壊と兌換していく。この、死滅過程と生誕過程との同時進行現象としてしか、身体は一瞬たりとも存在できない。

のみならず、アイソトープ現象が科学的にも教えてくれたように、万物はみな、酸素燃焼運動、つまり諸行無常。時や生起をめぐって、現存在（生）の基本構造として確認した、あの生死同時進行構造が、在りとし在るものにあてはまる。だから森羅万象は、死と再生（あるいは生と再死）との、相互矛盾的な同時同一性のなかに生起するわけだ。

つまり、一瞬たりとも同一状態（「A＝A」の同一律）をたもつようなものは、この世に存在しない、存在できない。存在できる（生きられる）のは、刻一刻に無くなって（死んで）いるからだし、刻一刻に無くなること（死）が同時に、存在すること（生）と表裏する。ミミズだって、大都市だって、太陽だってみんなそうだ。ニーチェもいうよう、「あらゆる事物には同時に、消滅と生成という二つの顔がある」（批判版全集 VII.1, 5[1], Fr. 147）のである。

実際そうだろう。たとえば遠い昔、小鹿のように飛び跳ねていたあなた。そのあなたはどこに行ったか。もういない。消えてない。そういうしかないだろう。それればかりではない。この本を読みはじめた一時間前のあなたも、もういない。と、そう言っているこの瞬間もすみやかに消失し、あたらしい瞬間へ振り替えられてしまう。ぼくたちは、毎瞬に死んで、毎瞬に生まれ直している。消滅（死滅）が同時にその出現（生誕）というわけだ。

フランスの小説家ル・クレジオは、そのあたりの機微を、つぎのようにしるしている。

「ぼくは死んでいる、生きている、死んでいる、生きている。何百万回も死に、そして同時に生きている」（『物質的恍惚』豊崎光一訳、二三八頁）

存在と無は同一

音や雲のはなしから、奇妙な存在論にゆきついてしまった。だが、それが現実なのだからしかたがない。森羅万象すべてに例外なく貫通する、こんな奇妙な在りよう（あるいは無くなりよう）を、ハイデガーは、「存在と無は同一（Sein: Nichts: Selbes）」（15-361）と定式化する。「在と非在との根源的な回互性」（39-190）とか、「滅びの中の生成」（52-121）といった言い方で、類似のテーゼや議論は、随所に登場する（9-115, 51-51, 73, 5-113 ほか）。

あまりしられていないが、このシンプルなテーゼこそ、かれの根本思想である。つまりハイデガー哲学の根っこ。難解そうにみえるかれ独得の議論はすべて、この「存在と無は同一」という簡単なテーゼをベースに、編みあげられている。だから、このテーゼさえわかれば、ハイデガー哲学はすこしもむずかしくない。いわば秘密の扉をひらく鍵。

そこでまず、このテーゼをくわしく検討しよう（1、2、3節）。

だがしかし、存在が無にほかならぬことを理解できたからといって、それがいったいなんだというのか。凡庸な世界観、つまりおなじみの無常観が、あぶりだされるだけではないか？　そんなことを知るため、わざわざ悪路を歩かせ、自己変容までせまったのか？

そう斜にかまえ、冷水をあびせて、かまわないとおもう。

じっさい、「存在と無は同一」のテーゼから、直接帰結してくるのは、存在の刹那性である（4節）。すでに前章で、現存在についてのみだが、確認したとおりだ。さしあたり、存在のはかなさや、むなしさといった、否定的感情を、焚きつけるばかりである。

けれど、存在が無であり刹那だということは、じつは同時にすでに、存在のとほうもない肯定性を逆証している（5節）。「プロローグ」でもふれたこの、否定ゆえの肯定という奇妙な反転の論理と機微とを、以下、「存在神秘」＊という一語にたくして語ってみたい。

＊　ハイデガーはこんな言葉はつかわない。しいていえば、「存在の高貴」（65–11）、「至高の贈与」（65–246）、「存在の悦び」（39–255）、「この世の深秘」（Hebel. 22）などが、頭をよぎる。

存在は存在しない

「存在と無とは同一」というとき、厳密には、つぎの三つのことが同時に示されている。

（1）存在の非‐存在者性（存在は存在しない）
（2）存在の無底性（存在は底なしだから底）
（3）存在の非在化（存在は念々起滅そのこと）

いずれも〈道〉の道標。ディコトミーにしがみつくぼくたちを、アポリアに追いこんで、存在神秘を実感できるような、ある新鮮な場所にでることを、めざす。順をおって、歩いていこう。まずは、第一ポイントの「存在の非存在者性」から。

存在が「非‐存在者」だとは、形式的には文字どおり、存在が「存在者では無いこと」の意味である。英語なら no-thing-ness（なにモノでも無いこと。仏教用語「空」の訳語でもある）というところだ。ハイデガーになじみの人は、耳にタコができるほどきかされた話だろう。

だがこのテーゼに、《存在は存在しない、だから無だ》という一種異様な、しかし徹底的に考えぬかれた概念規定や内的論理がこめられていることは、それほど知られていない。

ここには、存在と無とを二者択一的に対立させて疑念をいだかない、ぼくたちの通常の健全な思考方式(二分法思考)をゆさぶり、新しい思考圏へみちびこうとする通過儀礼的効果さえたくされている。さきにのべた形式的指標法が、たくみに挿入されているのである。

つまりこういうことである。

いうまでもなく、モノ(存在者)ならば存在する。「存在するもの」のことを簡単にモノ(存在者)というのだから、これは自明。物体はむろん、画像も、目にはみえない愛情や過去の記憶も、なんなら神さえも、それらが存在するもの(存在者)であるかぎり、在る。

では、そんな存在するものの〈存在〉は、どうか。存在は在るのか、無いのか?

かりに、存在そのことも在るのだとしよう。つまり、「存在は存在する」。そう仮定してみよう。すると当然だが、存在は在るもの(存在者)ということになる。とするとさらに、その「在るものである〈存在〉」はどうなるか。これも当初の前提(「存在は存在する」)から、在るはずである。つまり、「在るものである〈存在〉」も在ることになる。

だがそうなると、そのまたさらなる存在を、さらにそのまたさらなる存在を、つぎつぎに要求されてしまう。つまり、「在るが在るが在るが在る……」ことになる。この連鎖に限りはないから、議論は無限にさかのぼり、無限退行の誤謬におちいってしまう。無限退行の誤謬とは、最初に仮定したことがあやまりであることを、論理的にしめす。

このあやまりをさけるためには、最初に前提とした「存在が存在する」という考え方を、撤回するしかない。つまり、存在は存在するもの（存在者）ではない。存在は無（no-thing＝モノではない）にほかならないというわけだ。

存在者は存在するが、存在そのことは存在しない。もっといえば、存在は、存在するようなモノとはまったく別次元の、じつに不可解なことだということである。これが、「非－存在者の無」というテクニカル・タームにこめられた、内的論理である。この存在者と存在との決定的区別を、ハイデガーは「存在論的区別」となづけた（本書三二頁参照）。

では、具体的にさらにどうちがうのか。そもそも、存在は存在しないということが、どうしてそんなに重大なことなのか。第一章でものべたことだが、簡単に復習しておこう。

夜としての存在（存在の非対象性・隠蔽性）

存在者なら、出して見ることができる。だから目の前に現れ、物体や表象像として所有（把握）できる。逆にいえば、不在になったり紛失したりする。つまり存在者はかならず、現前（露顕・存在）するか、不在（隠蔽・無）かのいずれかである。一挙に両方はない。存在者には、現前か不在かのいずれかを迫る、二者択一の論理が通用する。

しかし存在は、表象や所有が可能な存在者の次元には、けっして登場しない。そもそも〈存在は存在しない〉のだから、そういうしかない。存在しないものをどうやって思い浮かべたり、写真に写したり、冷蔵庫に保管したりできるだろう。だから当然、所有モード（持つ形式）にかからない。ゆえに二者択一の論理（ふつうの思考様式）は通用しない。

だが、あえて二者択一の論理に妥協していえば、存在は、無と化す、隠れるという仕方でしか〈現れ〉ない。その現前が同時に不在であり、隠れることがその現れであるというのが、存在の独特の〈現出様式〉だといってもいい。まるで空気。空無であることがその存在様式である空気のようだ。手でつかんだと想ったとたん、指のあいだから逃げ去っている。あるいは夜である。闇であることがその現れである、夜のようなものだ。

このあたりの機微をレヴィナスなら、「現前と不在、存在と無の二者択一のいずれの項にもおさまらない〈別のカテゴリー〉」（『全体性と無限』p.359）と説明する。当然、対象化（表象作用）にほかならないぼくたちの自然な思考にとって、存在は異他的な外部性に終始する。これが、「存在は対象的に眼前に現れでることがない」（55-143）といった平凡な言い方でハイデガー哲学に一貫する、存在の無化・脱去・隠蔽のモチーフの真意である。

存在の根本的な分からなさ

そのさい留意していただきたいのは、こうした存在の非存在者性の議論はあげて、存在の根本的な不可解さ〔Befremdlichkeit。途方もない奇異さ（40-15）。全き異様さ（65-480）〕を浮き彫りにするための議論だ、ということである。つまり存在が、存在者と異なって、ふつうの思考様式にとっては完全にとりつくしまもないほど、非知で異他的なことがらだということを、鮮明にしめすための道標（形式的指標）だということである。

すべてを、目前に現れ手にとれる存在者のように、くもりなく説明し切ろうとすること。それが通常のぼくたちの思考習慣であり、自然な意志である。だがそれは、〈在るはずのない〉存在を、〈在るもの〉でもあるかのように見立て存在者化し、説明可能なものとする作業（65-423, 39-246）。そのような説明思考のなかで、ぼくたちが日々おくっているこの世界は、なじみの意味世界へ換算されていく。

だが存在は最初から、そんな説明化や存在者化を超然とこえた秘密(Geheimnis)としてしか生起しない。だから、万物はそもそも、人間のがわの自然な意味づけ・説明欲・合理化・生活感情を、横暴に踏みにじるという仕方でしか、存在しようがない。

これが、「存在の根本的な不可解さ」ということである。

もうすこしおぎなえば、存在にまぢかに出くわせば、まずはとんでもなく異様な体験に襲われますよとの警告である。吐き気をもよおしたり、不安や不条理の気分に襲われるからご注意との立て札。そうご理解いただきたい。ようするに、良薬は口に苦し、薬がニガイからといって吐き出してはだめです、という但し書きである。

この存在の不可解《ニガ》さをいっそう際だたせるのが、つぎの（2）存在の無底性である。

2　底は底なし

底などなくていい

無底とは文字どおり、底が無いということ。底とはむろん、究極的なよりどころ（人生や世界の究極理由・起源・意味・目標）のこと。そんな底が存在には原理的に欠けているというのが、存在の無底性である。現代人の常識。くわしい説明はいらないはずだ。

ただそのうえでいっておかなければならない。「底がないこと」(Ab-grund) と、「底ではないこと」(Un-grund) とは、決定的にちがう。〈底がない〉とは、それ自体が〈底である〉ことにひとしいからだ。底なしとは、底の別名なのである。

「無底は、底の根源的な本質である」(65-379)。そうハイデガーはいう。つまり、根底（底をなすもの）は、無底（底なし）でなければならないということだ。存在にかんしても同様。

存在を無底とみぬくことは、存在を底と洞察することにほかならない。

「存在はその本質において根拠である。だから存在は、それを根拠づけるようなさらなる別の根拠をもつことはありえない。そのため存在からは根拠が脱け去っている。そのように、存在から根拠が脱けているという意味で、存在は無底である」(SG.93)

なんだかむつかしそうな言い方だが、いっていることは単純だ。

ひらたくいえば、森羅万象が存在することにはいかなる拠り所(根拠・起源・理由・目標)も欠落しているが、けれど拠り所が欠落しているからこそ、森羅万象が在ることそのことは、なにかとほうもなく根底的なこと(拠り所となること)だということである。

ふつうぼくたちは、根拠や意味や目的が欠けていることを、暗く否定的な不幸のように、受けとってしまう。世をはかなんだり、存在不安にかられたり。でも事情はまったく逆なわけだ。存在は根底などないからこそ、とても根底的なこと。もし存在に根底などがあれば、存在はつまらないことになってしまう。そう言っているわけだ。

底しれなさではない

とはいっても、じつは存在には底があるなどというのではない。ふだんは知りえない遙かな深奥にほんとうは〈隠された根底〉があるが、しかし皮相なぼくたちの目には見えないだけだというのではない。だからボルノーらが解釈するように、存在の無底性が存在の「底知れなさ」とか「汲み尽くしえなさ」を意味しているのではない（『生の哲学』S. 157）。

このような議論は、存在の無底論とは〈根底から〉すれちがっている。存在を底知れないとか、汲み尽くしえないといっているかぎり、存在に〈底がある〉ことを結局は承認しているからだ。人間の理知ではおよびえないほど深いところに底をもつできごとが、存在なのだと、じつはいっているだけだ。存在の無底性がつきつける戦慄や恐怖を、どこかでごまかし、緩和しようとする逃げの姿勢も、みえ隠れする。

存在にたいするこうした態度にはいまだ、「根拠あるものこそ根拠」だとする健全な常識が、こびりついている。堅固な土台をもつものが、信頼するにたる根底的なことだと考えてしまう、ぼくたちの自然な感情に、妥協してもいる。

底なし体験は正常である

存在の無根拠性は、そんな〈深遠な〉ことをいっているのではない。くりかえすことになるが、存在の無底性とは、文字どおり「存在に底はない」ことをいっているだけだ。だから、ぼくたち人間の思考力にツミはない。どんなに鋭利な理知能力をかたむけたとしても、存在には永遠に底（起源・理由・目標）などない。

そのことが、さしあたり不安や痛苦をよびおこすとしても、けっしてぼくたちの知性や思考がまちがった判断をしているのではない。理知は明確に、存在の真相を射ぬいている。存在に底はないと、はっきり透見している。だから、ニヒリズムに投げこまれ、存在不安に翻弄されるとき、それ以上不可能なほど明晰に、ぼくたちは存在にでくわしている。

ただおしむらくは、ニヒリズムのときもいまだに、「底があること」を底だと思いちがいをしている。しかるべき根拠や理由をほしがる〈健全な〉常識や情念が残存し、それが命取りになってもいる。しっかりした根拠が確認できることが根底的なものだとする通念やすこやかさから、醒めきっていないのである。だから、「存在無底」という永遠の真理にでくわして、なにかとんでもない悲劇におちいったかのように錯覚する、錯乱する。

底に底はない

けれど冷徹に醒めて考えてみると、存在が底なしであるとは、存在が底をなしているということにほかならない。だから三度くりかえすが、存在を無根拠と洞察することは、存在が根拠だと、根底的なことなのだと、明察することにひとしい。この奇妙な逆説を、シエイクスピアは、「底は底なし (Bottom hathe no-bottom)」(『真夏の夜の夢』IV-1) と表現した。めまいがしそうな逆説だが、わかってしまえば、じつに単純なはなしである。

たとえばビンの底をお考えいただきたい。いうまでもなくビンの底は、ビン全体をささえる土台である。だが土台をなすビンの底それ自体に、底はないはずだ。もしかりに、ビンの底のさらに下か内部かどこかに、ビンの底をささえる〈さらなる底〉があるとしたら、そのさらなる底がほんとうの底になり、もはやビンの底は、底とはいえなくなるからだ。だからもし、なにかが底(根拠)をなすものなら、その底それ自体は底無し(無根拠)でなければ、論理的にも、事実としても、おかしいことになる。

表紙にさらに表紙がないのと、おなじ理屈。気づけば、ヒョウシ抜けしそうなほど簡単なはなし。むつかしく考えないでいただきたい。存在の場合も事情はいっしょ。ハイデガーはこの逆説を、「存在と底(根拠)は同一。だから存在は無底(無根拠)」と表記する(SG.93)。では、底なしの存在が底だとして、具体的にどう根底的なのか。つぎの(3)存在の非在化(存在は念々起滅そのこと)を究めたあと、ゆっくり論証しよう。

3 滅びの中の生成

あるがない、ないがある

さきにのべたように、存在は存在しない。存在したくても、原理的に存在できない。存在するのはモノ（存在者）だけである。ならば、存在はどのようなすがたで生起するのか。「存在は非在化する」（9-369）というのがその答えである。「在ることには〈無い〉が密接にからみあっている」（65-264）ともいう。在るが無い、無いが在る、そういってもいい。そのほかさまざまな言い方（SZ. 284, 65-246, 282, 9-115,306, 52-114）でくりかえされるこの非在化の無（存在は念々起滅）こそ、「存在と無は同一」テーゼの中心である。存在が根本的に不可解であることも、無根拠であることも、すべてこのことに起因するからである。

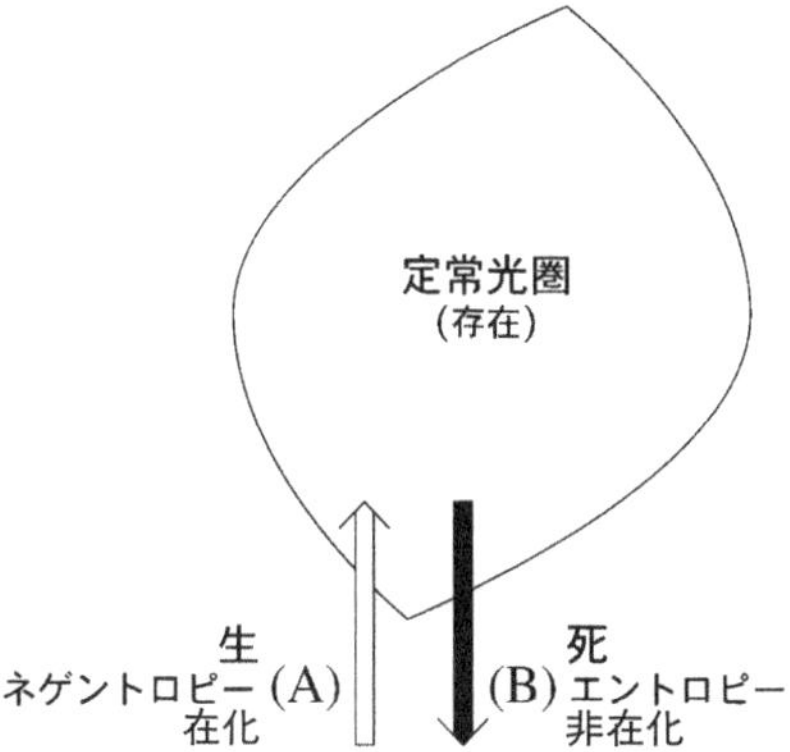

すでに、音や雲の事例をサンプルにスケッチしたことであるが、今度は、ハイデガーも好んでつかう炎の事例によりながら、くわしくみていこう。

ハイデガーは、ヘラクレイトスの火の思想にことよせながら、つぎのような文章をつづっている（55-161）。

「火の中には、照らし明々と燃焼し、燃え上がり、ある拡がりをひろげるものの諸動勢がある。けれどまた同時に、使い尽くし、みずからの内に打ち砕かれ、崩れ落ち、籠もり閉ざし、消え去るという諸動勢もある」

前頁の図をごらんいただきたい。一方で、火が点《つ》き燃えあがろうとする生成のベクトル(A)。他方で、燃え尽くし消え去ろうとする消滅のベクトル(B)。この生成と消滅という二つの、たがいに対立し排除しあう動きのなかではじめて、火は存在できている。

熱力学の第二法則の用語をかりていえば、エントロピー(冷却・解体・消滅＝非在化)と、それに抗うネゲントロピー(熱化・集結・組織化＝在化)との同時進行現象として、火は在る。自ら鎮火しようとする前者が欠ければ、炎の定常状態(一定の光圏を保持して燃える状態)は破綻するし、後者が欠ければ、そもそも火が起発しない。いわば消えながら燃え、燃えながら消えるというパラドックスのなかに、火は存在する。火もまた、在るのに無いのである。

ここで火とはいうまでもなく、ヘラクレイトスのいうピュシス(生ける自然)。ハイデガーなら、存在にあたるメタファーである。ポイントをしぼり箇条書き風に説明していこう。

(1)瞬間現象

一瞬における〈生成即消滅〉が問題とされている。一分一秒とはいえ存続したのち、すぐさま変容崩壊し、そしてふたたび新しい炎へ編成しなおされるというのではない。つまり、極微の〈生成→存続→消滅〉のサイクルをくりかえす円環運動ではない。消滅が生成をあがない、その生成が同時に死滅と兌換する一瞬に展開する、死（非在化）と生（在化）との回互現象が、火の存在様式だということである。

「火の炎上のなかに生起するのは、眼が瞬きのうちにとらえること、つまり瞬間的なこと、二つとないこと（唯一一回切りのこと）」（55–161）

だから当然、継続的に点灯しつづけてみえる可視的レベルのはなしではない。前章でみたように、動画面が、目にも止まらぬ速さでスクリーン上に消えながら現れ、現れながら消えていくのとおなじことだ。あるいはレシプロエンジン。一方のピストンは下がるのだが、それによって他方のピストンは上がる。その相互に反対に向き合う運動の同時進行のなかで、はじめてエンジンは動く。そんなレシプロエンジン構造を連想されたい。

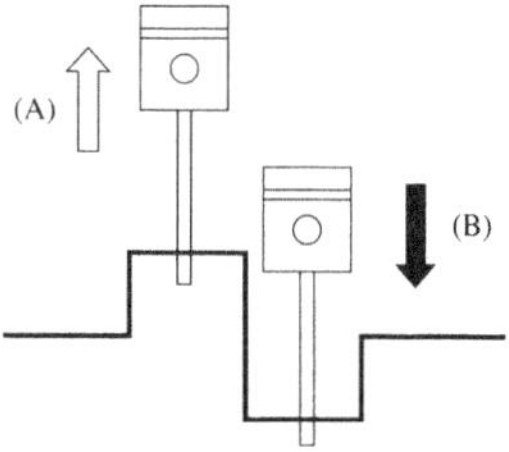

生死のレシプロエンジン

（2）パリントローポス・ハルモニエー（反対に向き合うものの調和）

その一瞬の火の炎上のうちに、論理的には相互に矛盾しあう、（A）（B）ふたつの動性が、たがいに分離できないしかたで包含し、回互しあう。その一体二重的な反対項の一致運動

（ヘラクレイトスはパリントローポス・ハルモニエーとなづけた。ハイデガーは「包含 Gefüge」とか「原闘争」とか「間」という）が、いま焦点になっている火の存在である。

「炎は、明と暗との間を分離しながら同時に一つにつなぎあわせている」（55-161）

「火はそれだけみればたがいに対立してみえるが、じつはその内部では合致しあっている。つまり、相互闘争的な調和である」（39-124）

それはいいかえれば、(A)と(B)は自立した二項ではなく、紙の裏表のように同じ一つのこと（存在、ピュシス）を、別々の角度からいい表しているだけだということでもある。

「露開と隠蔽とは、ふたつの異なったたがいに排除しあうできごとではなく、同じひとつのこと」（VA. III.66、他に 51-106, 5-341, 348, 350, 353）

「生成——つまり創造《ゲネシス》にして消滅《フュトラ》」（5-343）

これは当然、通常の円環的な生成世界論ではない。円環的生成論で考えられているのは、事物は生成したのちふたたび消滅するという、「構成経過と壊滅経過との交替」あるいは、生成と消滅との「輪作関係」にすぎないからだ（5-329）。

以上のことを図示すれば左図のようになる。上図の(A)と(B)は、実体的に自存し継起しあう。下図の(A)(B)は、みずからを損なう他方を糧とすることで存立し合う。つまり、不断に他に依ってのみ生起するだけの縁起態。それぞれ他方の源泉となりあうだけの、非実体的関係項といってもいい。東洋では陰陽構造としてよくしられたことだ。

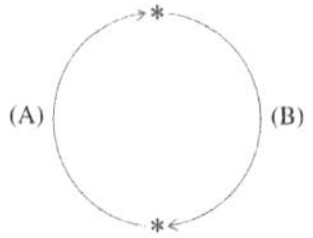

相互円環(輪作関係)

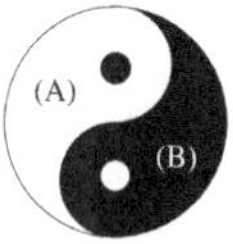

相互包含(陰陽関係)

(3)闇は光、生は死

このことは、「闇は光、光は闇」(55-115, 33)、〈開けは隠れ、隠れは開け〉といった、ハイデガー特有のオプティーク(光学)とかさなる。

レヴィナスなら、「きらきら瞬く光、そのきらめきがあるのは消えるからこそであり、それは、あると同時にまたないのだ」(『存在から存在者へ』p.172)というところである。

このことを、ぼくたち人間の存在に限定していえば、「生者は死者、死者は生者」(55-33)という、これもまたハイデガー独特のサナトロジー(死生学)となる。

「人間は在り、しかも在らぬ。在るようにみえて在らぬのだ」(39-36)

「在ることによって在らぬのであり、在らぬことによって在るのだ」(39-189)

「人間は在るやいなや、すでにもはや無い、存在していないのである。人間という生物は、在ると同時にまた、存在しないのでなければならない。人間は、存在者にして非在者である。恒常的な存立性をもたないのである」(52-111)

けっして奇をてらうメタファーでも、気のきいた文飾でもない。文字どおり。第三章でもみたように、生死をめぐるハイデガーの一貫した根本洞察である。もとより古今東西にみられる普遍思想。たとえばバロックの詩人ティモテ・ド・シャックは、こう詩《うた》っている。

「生きることは死ぬことで、死ぬことは生きること。
死は生で、生は死。生は死ぬためにあり、死は再生するためにある。
この世は存在していて、存在していない」

同時代人シェイクスピアも、「生が死のなかに生き、死が生のなかに生きている」(『ルクリース凌辱』)と、ヘラクレイトスばりの詩句をのこしている。道元もつぎのようにいう。

「いまだ生をすてざれどもいますでに死をみる。いまだ死をすてざれどもいますでに生をみる。生は死を罣礙〔邪魔〕するにはあらず。死は生を罣礙するにはあらず……生は一枚〔存在だけでできた一枚板〕にはあらず。死は両疋〔別々の自立系〕にはあらず。死の生に相対するなし、生の死に相待するなし」(『正法眼蔵』「身心学道」)

ぼくたちは生と死を別々の自立系と考えがちだが、人間の時々の存在それ自体が、生と死の回互性としてできあがっている。いわれているのはそれだけのことだ。

(4)時間性、あるいは時の刻み方(刻時性)

このことを時間論的にいえば、(A)が、生誕化してくる過去的動性、(B)が、死滅していく将来的動性となる。しかし、直線時間論や円環時間論の場合とはことなり、両動性は垂直方向の一点で対流しあう。つまり、死滅し非在化していく(B)が、蘇生し在化する(A)を同時点で振りだし、また逆でもあるという、垂直時間構造をとる。

前章でのべたように、ぼくたち現存在が〈時を刻むあり方〉のことを、ハイデガーは刻時性(時間性)という。では、垂直時間的な存在構造に、忠実に応接して時(命の炎)を刻もうとすれば、どうなるか。

《刻一刻の死滅に先駆けることが同時に、刻一刻の生誕を反復し取り戻すことになるような仕方で、刻一刻の今ここの瞬間に立ち会い、瞬時みひらかれていくこと》

そんなかたちにならざるをえないだろう。炎の事例に託していえば、消えゆく炎を追いかけると、生まれいずる炎へ連接していって、新鮮な炎の瞬時炎上に立ち会う。といっている間もなく、さらに消えゆく炎を追いかけ、また連接し、立ち会い……。そんな風にして、一瞬一瞬の生の風景に立ち会いつづけるあり方になる。

これがむろん、「死への先駆」であり、本来的な刻時性(時間性)である。なにかと物議や非難をひきおこしてきた死への先駆とか本来性ということも、けっして空疎なお説教でも抽象的概念でもなく、ご自分のリアルな体験として、実感していただけるのではないか。そして同時に、さまざまな誤解や過度な賞賛のなかで曲解されてきた、『存在と時間』の死の思想も、この文脈ではじめて、すっきりご理解いただけるはずだ。

(5)「死への存在」の真実

これまで、ハイデガーの死の思想は、たいてい、強迫観念論の文脈で解釈されてきた。つまり、いつかはしらぬがいずれ必ず死ぬという〈死の可能性〉の脅威に曝されながら人は生きているのだとする、そんな死のオブセッションの枠組みで、理解されてきた。

しかし、こうした強迫論的解釈は根本から誤っている。というのも、そのような立場は――どんなに生と死を近接させたとしても――、死と生とを別々のものと考えているからである。ハイデガー自身が、なんども強調するように、ハイデガー哲学でいう死は、「存在論的‐実存論的概念」である。死が存在論的で実存論的な概念だということは、死が人間存在(現存在)を内的に構成している、ということである。

「死は、現存在に構成的な存在規定である」(20-433 他)
「まだ死んでいない時にも、死がいつも現存在に属す」(20-432)
「現存在それ自体がすぎさり〔Vorbei。「死への存在」の初期形〕なのです。すぎさりとは、ぼくの人生において起こったり衝突してきて変化させるような何事か(Was＝外的な事件や出来事)ではない。そうではなく、すぎさりがぼくの在り方(Wie)なのです」(BZ.17)

つまり、死を含みこんではじめて生(実存)が可能になる、ということだ。

このような死はむろん、(B)の非在化のベクトル(存在を不可能にする動性)のことだが、しかしこの〈存在を不可能にする動性〉とひきかえに、(A)の刻一刻の在化が可能にもなる。とすれば死は同時に、〈存在を可能にする動性〉でもある。〈存在を不可能にすること＝死〉が、〈存在を可能にすること＝生〉でもあるという、この逆説性をひとことで定義したのが、「実存を不可能にする可能性」(SZ. 306 他)という、死の有名な定義である。だから、「死は存在の可能性である」(SZ. 250, 55-135 他)とは文字どおりである。つまり、死(実存を不可能にする可能性)によって生(実存)が刻一刻可能になっている、ということである。存在していればいずれ死ぬ可能性があるなどというのどかなことでは、だからない。

これはもはや、生と死とを二者択一的に分断していては考えられない生死論。「現存在は不断に死んでいる」(SZ. 259)とか、「刻一刻のわたしの現存在は、現事実としてはいつもすでに死んでいる、いいかえれば臨終している」(SZ. 254) といわれるのも、このためである。おなじことを、のちの時期には、「ひとは生存中に死を死んでいる」(EH. 165) とか、「生の存在は同時に死だ。死が同時に生だ」(40-140) ともしるす。

AB二つの論理圏からすれば異様なこのようなことばも、さきの火の構図がしめすように、(B) の動性を代価に (A) の動性が兌換されることで、炎(生命の焰)が炎上できていることを思いおこせば、それほど奇異とは、もう思われないはずだ。

以上あくまで人間存在に即してのべたが、むろんおなじ生死包含構造は、森羅万象をつらぬく。だから人間をふくめ万物の存在一般を定式化すれば、「現前するという仕方で不在であること」(anwesende Abwesen) とか、「現前にして不在」(An-und Abwesen) となる。

さてだとすれば結局、火の生起、つまりは森羅万象の存在とは、在化と非在化との「間」に裂開する相互闘争そのこと、ということになる (55-50, 171他)。「在と非在との間の状態」(52-121) を、あるいは同じことであるが、「滅びのなかの生成」(52-119) とか「不断の創造にして崩壊」(N. I.465) を、ハイデガーは、真の意味での存在というのである。

つまり、ハイデガーのいう〈存在〉はもはや、AB二つの論理圏で二者択一項となる存在(在)でも、その対立項の無(非在)でもないし、かといって両者を加算したものでも、混合させたものでもない。このような存在の根本特性を考えると、もはや「存在」という用語は不適切であろう。中期以後、「存在」にかえて、さまざまな呼称(Seyn, Lichtung, Urphänomen, Sein, Weile, Zwischen など) を採択するのは、このためである。

4　世界無常

先端、あるいは念々起滅

ハイデガーの存在論が、「滅びを生まれとして、往くを来るとして、一つにおいて考えること」(39-123) だということは、以上からあきらかだろう。

それは東方風にいえば、存在を念々起滅とみる思想。つまり、森羅万象〔宇宙〕は毎瞬が崩壊にして同時に新たな創造とみる存在論である。とうぜん、存在は刹那現象(Weile)。だから存在者とは、刻一刻の刹那に宿るもの (das Weilige, das Je-weilige)。そのような存在者の時間的性格は、刻一刻性 (Jeweiligkeit) ということになる。

「現前するもの〔存在者〕は、刻一刻の刹那に宿るにすぎぬ。つまり存在者は、現れ出ることと立ち去りとの内に刹那に宿るだけである。ここでいう刹那の宿りとは、到来から立ち去りへのうつろいである。だから現前するものとは、刻一刻そのつどの刹那だけ宿るもの。現前するものは、不在となることによって現前する」(5-350)

ドイツ語にはむろん刹那に正確に該当する概念はない。ハイデガーは言葉に窮し、「先端」(Spitze) という言葉もつかう。

先端とは、針先や刃先のように、逆向きに反り合う側面どうしが極まった頂点。図でわかるように、先端(?·)は、上面と下面のいずれでもあるし、いずれでもない。両面に関与し両面を連結しているが、しかしそれ自体はもはやいずれともいえない脱ディコトミー現象(51-108)。つまり、自らに先駆け消えていく動性(?·へ向かう→)でありながら、こちら自らの方へ到来してくる動性(?·から出る←)。

この先端図をさらに精緻に表すのが雷紋様。図版をのせるのはハイデガーの場合異例なのだが、全集の二つの巻で雷紋様の図版が登場する(二六巻と四二巻)。講義のとき黒板に画いたもの。それが〈時〉だと説明する。

右側中央から時が巻き出て来ている(abrollen)のだが、その出てくる将来動性が同時に左方向へ既在的に巻戻って消えていく(aufrollen)過去動性に連接する。闇から湧き出て展開しつつ同時に、闇へ巻き戻って消えてしまう一瞬の運動のイメージである。『存在と時間』で「伸張されつつ伸張すること」としての「生起」という謎めいたことをいうが、用語や時期

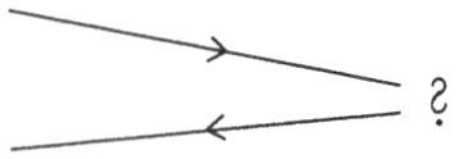

先端図（Bd.26-266より）

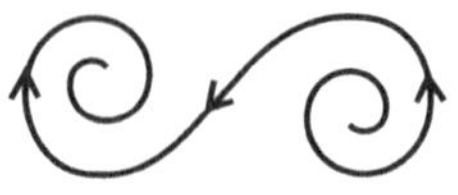
雷紋様図（Bd.26-266より）

刹那連接図（Bd.42-236より）

からみて、その謎解き図とも考えられる。そんな一瞬刹那の時（存在）の運動が、つぎの刹那運動へ連鎖するさまを図像化したものが、「刹那連接図」である。現れては消え、消えた先から現れまた消える、不連続の連続図とお考えいただきたい。

その他の刹那文書は注にひくとして＊、こうした存在刹那論は、ひらたくいえば、《在るといえるのは、刻一刻の刹那の今ここだけ》という、絶対現在論にほかならない＊＊。

＊「あまりに間近な近さにして、刻一刻の刹那の宿りとしての存在」（40-110）。「現成するものは、刻一刻の刹那宿るもの。Weile〔存在〕は、立ち去りへとうつろいながらの到来として現成する。つまりWeileは、こちらへ来ることとあちらへ立ち去ることとの間に、現成する」（5-354）。他各所。

＊＊「在るのは瞬間にすぎぬこの現在だけである」（アウレリウス『自省録』3-10）。「慎みて過去を念ずるなかれ、また未来を願うことなかれ。過去すでに滅し、未来いまだ来たらず。現在所有の法、まさに思ひをなすべし」（『中阿含』巻四、四二）

ほとんど無ですらなく

ただし念のためにいっておくが、刹那とは仏教的原義からしても、極微の時‐間（劫）すらない零現象。だから、〈刹那の宿り〉とか、〈在化と非在化との間〉とかりに表記するとしても、厳密には、一瞬の滞在期間（time）も一点の滞在場所（space）もない。

とすれば、たとえばアドルノらの批判はあたらない。アドルノらは、ハイデガーのいう存在は、カントの物自体やシェリングのいう根源的自然と同類であり、この地上のどこか根底に横たわる原初的母体、あるいは背後世界的原理と断定し、そのうえで、そんな根源的原質への憧憬は「悪しき形而上学」への先祖帰りだと糾弾する（『否定的弁証法』S. 121ff.）。

しかし存在は刹那。在ると同時に無い。ジャンケレヴィッチのいう「ほとんど無」ですらない。だからどこか〈根底に横たわる時間も場所〉もない。あえていえば、刻一刻のどの今ここ（now-here）ものこと。いつどこででもものことだし、だから逆に、時空限定をうけない位相（no-where＝utopia）。ハイデガーが、古代初期ギリシアの哲学者たちに、特別の思い入れをしているのは事実であるが、それはかれらが、そのような意味での存在刹那観を、不分明なままにも感知していたからにすぎない。かれはこういっている。

「ヘラクレイトスやほかの初期の思想家もまた、〈現に現前しているのにしかしにもかかわらず不在である〉という、存在の謎めいた近さを予感している」（55‐339）

むしろハイデガーの存在刹那論は、徹底的な形而上学批判である。というのも存在を刹那とみるとき、背後にバッサリ切り落とされているのは、アドルノらもまだその圏域内を動いている形而上学の根本発想、つまり《存在を恒常的現前性とみる思想》だからである。「恒常的現前性」(N. I.542他)とは、①生滅なき持続、②恒常的に同等均質、③事物的なもの、④目前に現前する可視的なもの、という四つの側面から抽出された存在観。とりもなおさずそれは、ぼくたちがふつうに思いうかべる〈存在〉イメージにほかならない。ハイデガーはこういっている。

「存在について、おどろくべき信仰がある。存在はつねに《在ら》ねばならぬ、だから、存在が恒常的にあればあるほど、より長く存在すればするほど、存在は《より存在するもの》である、とするのがその信仰だ。けれどそもそも存在はこれまで一度も《在る》などということはない。〔中略〕存在がそこに場処をおき現成するほんのわずかの瞬間を算定できる人はいない」(65-255)

「長い間ひとは、存在をただたんに持続することとしてだけ理解してきた」(5-343)

「西洋形而上学の当初から、存在は、現前の存続性として理解されてきた。そのさい存続性とは、固定性と持続との両方を意味する」(N. II.287)

そのほかあちこちに登場する、こうしたハイデガーの批判文書は逆に、いかにかれがい

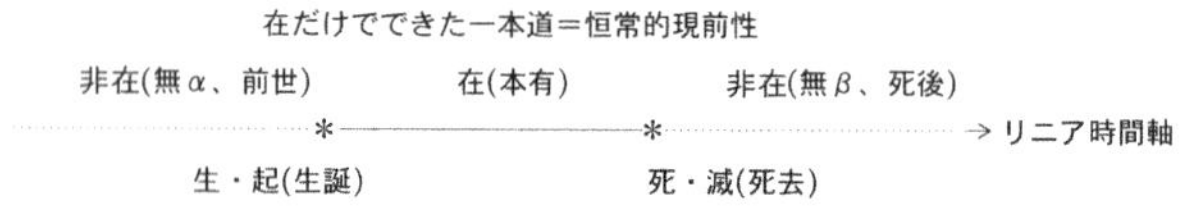

分段生死図　流水時間的存在論

う存在が、「恒存性の中に硬化してしまった現前性」(51-113)、つまりまるで延べ板のような延長体ではないかを、つまり刹那生滅であるかを、しめしていよう。

分段生死

以上のことを、仏教でいう「二種生死」の構図をかりて、整理してみよう。仏教では、ふたつの存在観(生死論)を区別する。それぞれを、「分段生死」、「不可思議変易生死」という。

分段生死は、①川の流れのような線型時間(流水時間)を構想し、②その線上の別々の二時点に生誕と死滅を設定し、③その二時点間に経過する持続時間を、人生や万物の存在過程と重ねあわせる存在論である〔上図参照〕。この立場では、死と生、存在と無とは、別々の期間や状態を形成する。「生はただ生である。死はその生の死であり、ただそれだけである」(40-140)。ある日突然、無αの闇からオギャーと生まれた後、まるで延べ棒のような「存在だけでできた一本道」が続き、いつの日か死や無βという未来の出来事が、人生の外側からやってくるというわけだ。そして、分段された生と死との間の持続する中間地帯〔実線部分〕の部分や全体を、〈存在〉とみなすのである。特殊な考え方ではない。なじみのごくふつうの存在イメージ。だれしもどうしても、そう思ってしまう。払っても払っても、この観念は消せないはずだ。

不可思議変易生死

だが、それはまさに〈観念〉。ヴァーチャルな解釈図式にはまっているだけである。そもそもこんな流れる直線状の時間（存在）を、ごらんになったことがおありだろうか。流れるモノをみたり、変化する生命体（存在者）をみたことはあっても、流れていく時や、変化する生命（存在）をみた経験など、どなたもないだろう。だから時（いのち）は流れず。

すでに炎図に示したように現実には、森羅万象（宇宙）は、毎瞬に崩壊し、同時に毎瞬に創造されていく。一瞬一瞬がいわば天地創造の時であるが同時に、刻一刻が世界の終わり。それが存在のリアルな構造である。と同時にリアルな時のすがただ。在るといえるのは、この一瞬だけである。ハイデガーもいうように、「時は瞬間」(29/30-224)。「瞬間が存在の時である」(65-508)。音や雲も端的にしめしてくれたように。

生が死を振り出し同時に、死が生を兌換するこの生死観(存在観)が、「不可思議変易生死」である＊。本書一六三頁の炎の図を、もう一度ごらんいただきたい。

ここでは、在化（生）は非在化（死）に、非在化は在化に、常識（二者択一的な通常の思議）をこえた仕方で変異しあう。流水時間（直線時間）的存在観に対比させていえば、それは噴水時間（垂直時間）的時空論。ハイデガーは「存在の噴きあげ」（65-485）、「時の噴きあげ」（65-17）といった言いまわしで、この噴水時間的存在論を示唆している。

＊「変易と言うは微細の生成なり。無常にして、念々遷異し、前変後易するを名づけて変易と為す」（『大乗義章』八、『大正蔵』44-615下）。

5　反転のロジック

無の充溢

さて、在ることのそんな無底性や、刹那生滅性が理解できたからといって、いったいそれがなんだろう。在ることのはかなさ、むなしさ、よりどころのなさを、ことさらあぶりだしただけではないか。まさにニヒリズムの存在論。そうおっしゃるかもしれぬ。

だが、結論からいうと、まったく逆だ。存在のそうした否定的性格は、論理的にみると、すでに、存在のとんでもない肯定性を、論証してしまっているからである。

そのことをハイデガーはつぎのようにいう。「無は充溢したもの。無だからこそすべて。

そのことを、ぼくはずっと言ってきたのです」（ペーツェット『一つの星へ向かって』一九〇頁）。タイの仏教僧との対談で語ったもの。東洋的無を意識しての、共感である。

逆に、存在への嫌悪をえがいた小説『嘔吐』で、一躍、時代の寵児となっていたサルトルへ宛てた手紙（未投函）では、まるでなだめさとすかのように、こう語りかける。

「重要なことは……このうえない真剣さで、この世界の瞬間をとらえ、それを言葉にすることです。〔そうすれば〕最後には、無のなかの底なき深みに、在ることの豊饒さが隠されているという、決定的な経験がめざめます」＊

この世界が生起するその瞬間をとらえなさい。そのとき、底なしの無とみえた存在が、じつは豊麗だと気づくでしょう。そう、はっきりいう。ハイデガーにはめずらしく、みずからの哲学の原景を、ストレートに語っている。

あるいは、遺稿手記『哲学への寄与』。死を、『存在と時間』のなかで強調したのは、「《存在》を否認するためではけっしてない。存在のまったく本質的な肯定の可能性の根拠を樹立するためである」（65-284）、としるしている。その気になってかれの書き物をひもといてみると、「存在の真理は、どんなふるまいにも、よりどころを贈る」（9-361）といった、ある肯定的で積極的な言葉が、ひっそりとちりばめられていることに、気づく。

では、「存在が無であり刹那だ」ということに、どんな肯定性の根拠や、豊麗さや充溢の論理が、内填されているのだろうか。

＊　一九四五年一〇月二八日付。トワルニッキが『フランクフルター・アルゲマイネ・ツァイトゥング』一九九四年一月一九日号二七頁に公表。トワルニッキは終戦当時、フランス軍文化担当官。ハイデガーとサルトルとの会談を発案した。そのおりのもの。事情あり、会談は実現しなかった。

タウマゼインがなぜ存在肯定をもたらすか

もちろんまず思い浮かぶのは、存在驚愕《タウマゼイン》のことである。

「驚き・不思議とはほかでもない。世界が、ぼくたちのまわりに開かれ、立ち起こっていること。なにか在るものが在り、なんにも無いのではないこと。物があり、その物のさ中に、ぼくたち自身が存在しているということ」(52-64)

「不安の無の明るい夜においてはじめて、在るものがそのような〈在る〉ものだということについての根源的開示性が、すなわち〈在るものはあくまで在るものであり、だから無ではない〉ということが、生じてくる」(9-114)

「在るものの不思議、つまり在るものが在るということ」(45-197)

もとより、これは哲学の常套事項。ジャンケレヴィッチもいう。

「毎日の連続というゆりかごで麻痺され眠らされていた驚愕能力を、死がいきなりめざめさせ……変哲もない毎日の存在や、外界の現実を驚くべきものと認めて、〈無ではなくなにものかが存在している事実〉を奇異に感じる」（『死』p.455）ようになる、と。

ふだんは変哲もなくみえる存在が、気づけばじつは、とほうもなく驚くべきことだと、無や死の痛感が告知する。いずれも、そんな趣旨である。

しかし問題はそんなことではない。無や死や存在不安ゆえ、存在驚愕がめざめるとして、ではなぜ、そんな存在驚愕が、存在肯定と結びつくのか。

問われているのは、その内的論理である。

むろんここには実存転調（自己変容）がからむ。だからロジックだけで語りきれない部分はどこまでも残る。「至高を黙示する」（52-135）とする、ハイデガー独特の言述作法（「言いつつも言わぬ」）を破ることにもなる。言わずもがなのことを言う野暮になるのかもしれない。が、野暮や禁則破りを承知でいえば、おおむねつぎのように説明できるのではないか。

アンプロバブル——在りえないことが在りえているということ

まず、「存在の無根拠」にそくしてのべよう。

存在の無根拠とは、森羅万象が在ることに、いささかも必然的な理由も起源も目標もない、ということだった。つまり、万物は在る必然性などさらさらないのに在るという、存在の非必然性（「根本偶然」）を意味する。

存在が非必然だということは、《万物は無くてあたりまえ、無いことこそオリジナル。在るなんてことがむしろ異様。なのに在る》、ということである。

もしかりに、必然的な理由や目的があって、なにかがこの世に登場したのなら、それが在るのはごく当然なことになるからだ。たとえばもしあなたが、しかるべき理由や使命をおびてこの世に生まれたのだとしたら、あなたがこうして存在していることは、当然のこと。存在しないことのほうが、理屈としてはおかしい。

だが幸か不幸か、そんな必然性が原理的にないというのが、存在の無根拠性である。だから、在るなんてことは、論理的には異様なこと、無いほうが理屈としてはむしろオリジナル（＝論理的に無理が無い）、ということになる。ぼくたちはふつう、存在していることこそ自明で当然だと思っているが、無根拠の無を前提に考えれば、自明なのは非在や無であって、存在はとても非自明（奇異）なことだということである。

熱力学の第二法則からしても、この宇宙は壮大な死滅過程《エントロピー》。エントロピーこそ宇宙の〈自然〉であり、このように宇宙の片隅の地球のうえで、あたりまえのように燃焼運動がおこったり、新陳代謝が起きたり、人類が生命の歴史をきざむなんてことは、「絶対に在りえないこと《アンプロバブル》」である。

しかし理屈の上ではどんなにそうであっても、まぎれもなく現に事実として、〈在るはずのない〉多種多様な事物事象が、だれしもの今ここに〈在る〉。非在でも不思議ではないどころか、非在こそ理論上は当然であるはずのさまざまなものが、現に存在している。

絶対に在りえないこと、在るはずのないことの実現。それを、稀有とか奇蹟とか神秘と形容することはゆるされよう。とすれば、なにかがこうやってあたりまえのようにして在ることそのことは、じつは極度に稀有で、奇蹟的なことだという、論理的な結論になる。

在ることのそのような極度の稀有さ・在りえなさを、だからこの本ではすでに冒頭から一言で、「存在神秘」となづけてきたのである。

といって、存在神秘が、存在の無根拠性や、根本的な不可解さを、解消するのではまったくない。だから、存在不安やニヒリズムを否定しているのでもない。むしろ、存在不安や悲哀感情にさそうおなじ理由（存在の無根拠性）がそのまま、存在神秘の論拠となる。

たとえていえば、反転図形のようなものだ。嘔吐や錯乱や絶望などの否定的絵柄をみせていたおなじ「無根拠の存在」が、見るがわの視座転換（自己変容）に呼応してクルッと反転し、稀有や神秘という肯定的絵柄を、みせはじめただけである。

だから、存在の無根拠性が消えさるどころか、むしろ無根拠でなければ、こまる。存在神秘論がなりたたない。存在は、無根拠であればこそ神秘である。さきに、存在は底なしだから底だといったのは、こんな存在神秘を論拠としてのことである。

在りえなさへの不断の登録

この存在神秘の想いは、存在の刹那性をかさねあわせるとき、さらに高騰しよう。存在が刹那の念々起滅現象だということ。ここには、あらゆるものが、在化を兌換できず、いつ非在化し切ってもふしぎでないことが、含意されている。なぜなら、非在化を代価に在化が兌換される必然性など、「存在の非必然性」ゆえ、ないからだ。

現に毎日、地上には、十二万個の死体が生まれ、その数十倍の哺乳類や鳥たちが、さらにそのまた数万倍の昆虫やバクテリアや植物の生命の炎が消えつくす。熱力学の法則からしても、存在したものはエントロピー化（冷却・崩壊・死滅）が当然。存続したり新陳代謝をくり返すなんてことは、極度に異様な物理法則違反。「生存するものの存在の各瞬間が、物理学的観点からみると、在りえないことなのである」（E・モラン『方法』第一巻 p.295）。

とすれば、「在りうること」はただひとつ。即座に解体し、散乱し、崩落すること。つまり消滅だけである。だが、理屈ではどんなにそうであっても、〈現に事実として〉、膨大な森羅万象が、すくなくとも〈今ここ〉に生起し、エントロピーからの不断の逸脱、「在りえなさ」への不断の登録が、起こっている。存在神秘の想いは、この〈いつ非在化し尽くしてもおかしくないのに在る〉という論点によって、いっそう深まるはずだ。

一瞬の永遠

さて、存在が念々起滅の刹那現象だということは、その始点がそのまま終点と重なっているということでもあった(51-106)。とすれば、どの刹那の存在も、それみずからが、みずからの発源地であると同時に、みずからの消尽点をなすことになる。

たとえば、モノである肉体なら、身体図式やDNAが昨日を継承し、脳細胞が明日への夢をつちかうだろう。だが、その肉体が〈今ここ〉に在るという、その存在の事実そのこと(Vixisse)は、なにかを受け継いだ所産ではないし、なにかを後にのこす前兆や、原因や、原料ではない。

つまり、〈今ここ〉の存在は〈今ここ〉で、「最期の一滴まで飲み干される。明日、つぎの時のために、なにひとつ、残してはいない」(レヴィナス『存在から存在者へ』p.127)。瞬間の起源は、それ自身にあり、その結末もみずからつけていくわけだ。

とすれば当然どの瞬間も、それ以外の時とは無関係。〈先立つ今〉としての過去から訪れた〈次の今〉でもないし、〈次の今〉へ継続される〈先立つ今〉でもない。

いいかえれば、一瞬一瞬が全面的に新しい再発、不断の創造(N. I.465)。どの瞬間もが新しい時の開始であり、その意味ではいつもつねに天地創造（Anfang）だということである。が、いつもつねに始まりでありうるためには、同時にいつもつねに終滅（Ende）でなければならない。そのかぎり刻一刻のどの瞬間もが、「世界終末《エスカトン》」（5-327）だということになる。つまり、刻一刻の存在（瞬間）それ自体、つねに天地の初めにして最期の時。

さてもし刻一刻が、不断の〈天地創造即世界終末〉だとすれば、刻一刻の〈今ここ〉それ自体が、天地の全幅をそのつど尽くすことになる。つまり、刻一刻の瞬間が、宇宙のリアルな長さだし広さ。刻一刻が創造にして終滅であるような時空しか、現実には実在しないのだから、そうなる。

ここから、刻一刻の〈今ここ〉のどの瞬間生起（存在）もが、無窮性（永遠）をたたえているさまも、透見されてこよう。刻一刻の瞬間で、天地世界が尽き果て完結をみていくのだから、地球も宇宙も、彼岸も此岸も、過去も未来も、在るといえるものならすべて、一瞬の〈今ここ〉に含まれ、尽き果てているはずだからだ。つまり、一瞬が永遠（すべて）。

永遠を生きる

存在（リアリティ）が、刻一刻の〈今ここ〉だけの生起にすぎぬとすれば当然、現実を生きることができるのは、刻一刻の〈今ここ〉においてだけである。

むろんそれは一瞬で尽きる。その一瞬だけに終わるかもしれぬ。

しかし、それでもかまわない。一瞬の〈創造即終末〉に立ち会えば、すべての一瞬刹那（存在）の神秘に立ち会ったことになるからだ。どの刹那（存在）も、存在論的には同一の味だからである。炎の燃えかたは種々雑多。色合いもかぎりない。けれど、〈炎が燃えている〉という存在の味そのことに、多数も多種もない。在るはずもないことが起きているという、永遠に同一の味（存在神秘）を発して、炎は燃える。

したがって、一瞬めざめて、存在神秘を味わうことができれば――たとえたった二つで死んだ子も――、存在論的には、永遠にわたって生きたことと同等である。たとえ三兆年間生き続けることができたとしても、〈存在の味＝存在神秘〉にかわりはないからだ。

無限に長大なフランスパンを考えられたい。その全体を賞味できなくても、ほんの一片味わえば、〈味〉という点では、その全体を味わったことと同等だろう。しかも存在のフランスパンのばあい、そもそも刻一刻の一片（一瞬刹那）しか実在しない。だから、マルクス・アウレリウスはいう。

「たとえあなたが三千年、いや三万年生きようとも、誰もいま生きている生以外の生を失うことはなく、いま失う生以外の生を生きることもない。……最も長い生涯と、最も短い生涯とは、それゆえ、同等である。……万物は流転するが、おなじ軌跡（念々起滅」を繰り返しているのであり、見者にとっては、それを百年みていようと二百年みていようと、永遠に同じことだ」(『自省録』2-14)

「現在を見てしまった者は、すべてを見てしまったのである」(『自省録』6-37)

つまり、一瞬が〈すべての時＝永遠〉に通底する。その意味でも、直線時間論からすれば儚くみえるどの一瞬刹那もが、存在論的には無条件にすべて、「永遠の時」を刻んでいることになる。「ほんとうに刹那的なものは、儚い瞬間ではなく、永遠性を打ち明けている」(65-121, ほかに 65-6, 257, 371 など参照) と、ハイデガーが語るのもそのためである。

共に在る奇跡

もし、以上のことにまちがいなければさらに、こうやって〈今ここ〉で、さまざまなもののごとや人々と、あたりまえのように「共に在ること」(Mitsein)の、とんでもない稀有さ・在りえなさも帰結しよう(「共に在ること」の詳細は本書一一六頁参照)。

ものみな非在でもありえた。むしろ非在が当然。どなたも親に頼んで生まれたわけじゃない。たまたま生まれただけだ。路傍の草も、空飛ぶ蝶々も、事情はおなじ。しかも、いつ非在化し尽くしても、おかしくないなりたち方をしている。

しかしにもかかわらず、現に、すくなくとも今ここでこうやって、〈在るはずも〉、また

〈出会うはずも〉ないものどうしが、座を、時を、共にしている。それは、言葉の真の意味で、奇蹟のめぐりあいではないか。あまりに身近すぎ透明な大気のようなことだから、なかなか気づこうにも気づけないことではあるが。

しかも刹那生滅なのだから、一瞬、一瞬の出会いがどれもこれも、永遠に唯一一回きり（＝歴史）。つまりどの瞬間の出会いも、初回にして最終回。初対面にして別れのとき。たとえおなじ相手やものごとでも、刹那生滅をくりかえしての再会だから、そうなる。

むろん相手をえらばない。なんだろうと、なにとの間だろうと、ものみなすべてが、奇蹟の遭遇の時を刻一刻に織りあげることで、存在する。というより、共に在るという仕方以外、そもそも在りようがない。他なるものと共に在るという奇蹟を果たしてしか、ぼくたちは一瞬も存在できないのである。共在（coesse）は、存在（esse）の別名である。

そのことに思いをひそめるとき、「なぜ在るか」へのあの暗い疑念や不安などふきとんで、〈在ること〉や〈共に在ること〉への驚嘆の想いが、静かにあふれてこないだろうか。

「存在と無は同一」というい わば黒いネガフィルムを現像してみると、永遠の瞬間や、共に在ることとの奇蹟という、じつに明るく清冽なポジ写真が映しだされてきたわけだ。

〈道〉が最終的にはこんでくれた場所——つまり存在神秘——。もう十分、納得していただけただろうか。

異星人のエチカ

さて、大切なことは、これですべて語ったことになる。あとは、こんな存在神秘の想いをいだきながら、どんなふうにこの世に居住まったらよいのかという問題がのこる。

じつは、これがむつかしい。世界劇場のなかで夢中で生きていた以前とは、ものの見方も感じ方も、まるで異なってしまったからだ。ハイデガー同様、この世の異星人(この世の旅人)のようになってしまった。

この世での居住まい方のことをエートスという。ライフスタイルほどの意味である。存在神秘に覚醒し永遠の瞬間に立ち会いながら、そのうえでなおこの人生劇場に出演しつづけていくとしたら、どんなふうに舞台に居住まったらよいのか。どんな演劇をつくりだしたらいいのだろう。この演技作法の問題。それが、これからのぼくたちの課題となる。

ちなみに、エートスから派生してできた言葉がエチカ(倫理)。だからエチカ問題が次章からの焦点になる。この問題にかんしても、ハイデガーがとても参考になる。大失敗をおかしているからだ。おなじ存在神秘にめざめながら歩こうとするぼくたちにとって、ひとごとではないはずだ。それに、失敗事例ほど、たくさんのことを教えてくれるケースもない。臆せず、かといって偏見ももたず、淡々とわたっていくことにしよう。

あなたが存在することが少なければ少ないほど、
また生を発現させることが少なければ少ないほど、
それだけ多くあなたは所有し、
それだけ多くあなたの生は疎外される。

（マルクス『経済学・哲学手稿』）

第五章——惑星帝国の歩き方

理想の世の中だの、
楽土なんていうものは、
人間のたくらみで出来るものじゃない。

（中里介山『大菩薩峠』「胆吹の巻」）

1　遠くばかり見ていた

ひろやかだった時空

おさない頃。どなたもそうだったろう。

あたりの空間が、やけにひろびろしていたはずだ。

いま訪れてみると、ちっぽけな商店街。それがその頃は、華麗な巨大モールにみえた。路地裏も、探検やチャンバラなどの大冒険の舞台だった。貧弱な自宅も児童公園も、当時は、もてあますほどの余白や、微細な陰影にみちていた。デパートなど、まるで果てしなき大迷路。世界全体が、全部つまっているかのようにさえ、感じた。

もちろん、小さな身体が基準ゆえの錯覚。だが、たとえばとなり町との境界が、この世の果てのように想われたのは、なぜか。なんだか触れてはならない別の世界が、そのむこうにボーッとひろがっているよう感じたのは、なぜだろう。幼児にとって、近隣空間だけで、こころの視野も身体感覚も臨界に達する。だから、いま生きて住んでいる生活現場だけが、リアルな場所のすべて。そういうことではないか。

というのも、おなじことが、時間感覚にもいえるからだ。

おさない遠い日々。時間もまたずいぶん巨視化して流れていた。今日というちっぽけな一日が、まるで時のすべてのようだった。ネコは四秒前のことは忘れるという。そこまで極端でないとしても、明日や去年や今日の午後さえ、ことさら意識することのない時間機制を生きていた。砂遊びや草野球に夢中になる、その遊んでいる時間だけがリアルな時のすべて。その先や後のことなど、ほとんどこころの座標系を占めることはなかったはずだ。《今この時この場》。それだけが、リアルな時であり空間だったということである。一日はぶ厚く奥行きをおびていたし、時々に生きている場所には、幾層にも折り重なった意味表情があふれていた。濃密なイマという瞬間と、無尽蔵のココという場所が、ゆったりおおきな振幅をえがいて、すっかり小宇宙をつくりあげていたように想う。

時空経験がまずしかったということでは、むろんない。むしろ逆。じつに充ちたりた時と場のかがやきを感じていた。

いるのにいない

そんな幼児期のぼくにとって、だから、まわりのおとなたちが、いつも遠くばかりみているのが、ふしぎだった。ふしぎというより、異様でさびしかった。

生きている現場は、今この時この場だけ。しかも充ちたりた時空。なのに、そのリアルな生の充溢の場所に、おとなたちは、まるでいないかのようなのだ。いまここではない〈いつかどこか〉。そんな遠くのことばかりに、思いはとんでいた。予定や不安や心慮などで、こころのなかが、いっぱいいっぱいというのだろうか。思考や感性が、いつも旅にでかけている気配。いないのにいる幽霊のようで、怖かった。

おとなたちばかりではない。やがて入った学校も社会全体も、どこか遠くへむかう視線のなかで動いていた。いつも明日のことである。夏休みの計画をという。五時までには家に帰れ。将来の夢はなんだ。都会での流行。国際情勢はこうだ、こうなっていくだろう。明るい未来。壮大なアポロ宇宙計画。そして地上をかけめぐる月世界の風景。そんな調子の時間機制や視野拡散のしばりやいざないを、いやでも自然にかけてくる。

社会や地球全体がまるごと総動員してそそのかし、今日という一日ではなく、明日のこと、午後の予定、未来のこと、そして志望校や先進国や地球の裏側や月面などの〈いつかどこか〉ばかりへ、追い立て、駆り立てる。ココは黙殺。イマは擦過。だから、今日という一日の真ん中のこの場にどっかと腰をおろすことを、ゆるさぬ雰囲気があった。おいてきぼりにされたような生存感覚がいつも残存し、居心地はわるかった。

遠くをみる機械

もちろん、戦後まだ間もない貧しい時代(昭和三十年前後)だったということもあるだろう。明日の食事をどうしようということが、父母ばかりではなく社会や国家にとって、真剣な不安や課題としてあった時代ではある。

だがこの違和感は、高度経済成長をへて、物質的な豊かさが実現し担保されるようになった一九六〇年代以後も、変わらなかった。変わらないどころか、ますます加速した。

この時期、テレビが普及したのもふしぎな符合だ。遠くを見ること(tele+vision)。それが、テレビのもともとの意味だからである。簡素な食卓や、平素かわらぬ街路や家族の表情から目をそらし、どこか遠くばかり夢みようとした当時の日本人の視覚習慣に、じつにぴったりくる機械だったといえよう。

この習慣は、未曾有のバブル繁栄をとげたあと、大不況に突入した現在も、まるで変わりない。ケータイ片手に遠くの人と会話を楽しんで、目前の人やものをシカトする情景など、ごく日常の風景となった。インターネット。日本の真裏のブラジルの海岸からのライヴ画像に、ぼくだってつい目をうばわれてしまう。近所のパン屋のことなどまるで無知なのに、パリの裏町のパン屋の店先の風景には、やけにくわしくなった。遠くを見る機械たちが、イマココという「最近隣の時空」(ハイデガーは「近さ」Nähe とか「辺り」Gegend という)をピンボケにする遮蔽幕として、ぼくたちの生活をいろどる。

それにしてもなぜなんだろう。どうしてこうまで、遠くばかり見るようになったのか。いるのにいない。そんなぼくたちの時代の生存スタイルを可能にしているのはなんなのか。

みえざる手に踊らされて

ぼくたち個人のせいではない。そんな直感がまずある。個人的理由にしては、ずいぶん根深く巧妙で、しかも地球規模すぎるからだ。といって、人為でつくりあげる社会体制や経済システムだけの問題とも、もう思えない（そう思いこんだ時期がぼくにもあった）。元凶だと一時期みなされた東西の壁や、五五年体制がアンチーク化してしまった現在。なにか「みえざる手」のようなものを想う。人類全体をあやつり人形に仕立てあげ、冷戦劇や繁栄劇や革新劇に駆りたてている、無気味で壮大な力を感じてならない。この世全体が、なんだか薄気味のわるい不可視ファイルに翻弄されているような予感もする。

個人の意志や理知を超えた構造だとか、「みえざる手」などというと、いかにもあやしげに思われるかもしれない。でも、意外に日常的なことだ。

「ぼくたちの知らないこと、心配しないこと、読まないことや話さないことこそが、市場を動かしている。市場を本当に動かすものついて、ぼくたちは圧倒的に無知なのだ」（Kenneth L. Fischer, *Forbes.Com.* 1999.10.18）

市場の神様といわれるK・フィッシャーの言葉である。まるでばけもののように経済市場をうごかし、経済アナリストの予想を裏切り、投資家や社会システムを翻弄する根本動性(みえざる手)。それが、こちら人間がわの意図や願いや理知的計算(ハイデガーは計算思考とか「人為」Machenschaftと総称する)をはるかに超えたかたちで生起し、社会や国家全体をつきうごかす現実。このことは、陳腐なほどの常識だろう。

おなじ意味で、この生活世界(世界劇場)全体をみえない背面からささえ、ぼくたち(登場人物)をひそかにマリオネット(組み立て人形)化し、ことのなりゆき(舞台)を取り仕切る深層シナリオがあるのではないか。そしてそれがじつは、ぼくたち登場人物に「遠くを見る」よう強いている根本動因ではないか。そう想ってしまうのである。すくなくともハイデガーはそう洞察し、その超絶力や根本の仕組みのことを、「ニヒリズムの本質」とか、あるいはその現代形である「ゲシュテル」(組み立て構造)と名づけた。そしてこの地球規模でくりひろげられる組み立て劇に、「惑星帝国主義」というタイトルを付す。

自力精神主義の魅力と時代

こんなことを書きだしたのには、わけがある。この世を動かす、根本の動性や構造があること。それは、ぼくたち人間の意志や願望といったヒューマンな要因を、はるかに超えてはたらいていること。そしてその根本構造（見えざる手）を見忘れるとき、どんな真摯な変革も情熱的なシステム転換も、実効性がないばかりか、危険ですらあること。だからたとえば「存在神秘」を基点に生きようと個人的に努力し、またそんな社会を夢みて革命運動にうってでればすむ話ではないこと。それどころか、そんな自力改革的発想（人為主義）自体が、おおきな過誤を犯す危険があること。そのことを、まずは指摘しておきたかったからである。じつに、ハイデガー自身がそうだったからだ。

ぼくたちはつい思いがちだ。人間の意図や作為が、組織やシステムや社会をよくしたり、あるいは悪くしたりしていると。あらゆることが、ぼくたち人間ひとりひとりの自覚や行動に基点をもつ。だから各人の責任や〈主体性〉が問われもすれば、そのかわりに、各人の重大さ（人間の尊厳）も保障される。そう信じ、だからヒューマニズムの近代社会ができた。各個人の自由・平等を願い護る人権思想が、この近代社会のなかで培養された。

ハイデガーもまたかつてそうだった。ぼくたち人間のがわの努力とか精神変革だけで、この近代世界の混迷や不安からぬけだすことができる。そう思いこんだ。自力精神主義。そういっていいだろうか。そんな言葉がおきらいならば、実存主義といっていいが同じことだ。『存在と時間』は、そうした自力主義（実存主義）、精神革命路線にそって書かれた。なにせ現存在中心の分析である。存在の意味を最終的には問うつもりだったと、どうご本人があとから抗弁しようと、出版された内容だけみるかぎり、自己の覚醒をまずはめざした精神革命の書であることは、否定しようもない。さきにくわしくのべたとおりだ。

それにかれも時代の子。ロシアで革命運動が花ひらいた。その影響はシリア（民主革命）、中国（共産党成立）、インド（反英運動）にまで及んだ。しかもベル・エポック。科学技術のめざましい発展が、実際に世界を変えた。科学技術はパンドラの箱。そう信じる科学主義がゆたかな未来を約束しても、おかしくなかった時代だ（同時代人の宮澤賢治を想われたい）。

革命主義や科学主義はいずれも、次節にくわしくのべるよう、「新しい神の国の構想」の典型である。新しい神の国の構想。それは、天上彼岸に至高（神の国）を夢想するかつての彼岸原理にかわって、理想未来というあくまで此岸の〈遠く〉を希望の星（究極目的・根拠）として掲げ、その実現のため生きることを生の指針（生きがい）とする「前望的生」の典型。「神の死」（ニヒリズム）にすり替わった新思想ではある。いつかどこかを夢見るぼくたちの生存習慣を、いまでも背後でつむぎだしている不可視ファイルの正体でもある。

だが当時、その新思潮の流行からハイデガー自身も無縁ではなかった。精神革命や自己変容をへての世直し（＝政治運動）を、ハイデガーも夢見た。個人的努力にもとづく「深きめざめ」を、個人レベルだけではなく、大学という学問共同体のなかで実現できると、さらにはドイツやヨーロッパという文化共同体のレベルで実現できると、そう思いこんだ。

ハイデガーは、たとえばルカーチが非難して決めつけたように、隠者風で現実世界無視の「反社会性」のひとではないのである。そもそも、その導入部に「学問と大学改革」という章をもつ最初の講義録のタイトルが、『大学の使命について』（全集第五六／五七巻）だったひと。「道」自体がとても政治的（＝世直し的）なのだ。その意味で、「社会貢献的」であり、「政治的存在論」でもある（ブルデュー『ハイデガーの政治的存在論』桑田禮彰訳）。

存在をしよう（レット・ビー）

それに、そうむつかしいこととも思っていなかったふしがある。ハイデガーがぼくたちによびかけたメッセージがあるなら、それはたった一言。「存在をしよう」。ただそれだけだからである。「簡素なこと」と、みずからも終生いいつづけた。

「存在をする」。妙な言い方だが、ドイツ語原文ではイタリック体で「在る」（*sein*, *ist*）と表記。〈ことさら自覚的に存在にめざめて在ろう〉というほどの意味である。そんな意味で、ぼくたちが「存在をする」よう挑発し、喚起し、導くこと。それがハイデガーなりの哲学という〈道〉。だからそんなに困難なことと考えてはいなかった。だれもみな〈存在している〉。あとは〈存在をする〉だけのこと。Let be! 簡単なことじゃないか。そんな思いこみがあったろう〔「放下」Gelassenheit（Let it be）と言いだす後期とじつに対照的〕。

中世文化が栄えたのは「神の都」を夢見たからだ。近代社会が栄えたのは「進歩の都」を夢見たからである。そんな言い方がゆるされるなら、ハイデガーは「存在の都」を夢見たわけだ。存在神秘にだれもがめざめて生きるような世界を、素朴にも夢見た。

それに相当の自信もあったようだ。前章でみたように、それなりに理知的に論証できる至高論だからである。それになにより『存在と時間』が大成功をおさめる。出版数年後に、かれはドイツのみならず、世界のハイデガーになった。精神世界の指導者として「人間存在全体の変革」(34-324)を指導しようという気になっても、それほど不自然ではなかった。だが、そんなみずからの哲学の無力さ、そして思いあがりを、痛いほど思いしらされる事件がおきる。よくしられたナチズム参画問題である。

明確な意志と決意の下でのアンガージュ

ハイデガーを弁護しているよう誤解されては困るので、あらかじめいっておく。ハイデガーはナチズムに「積極的」に参加した。ハイデガー哲学には、すでにのべたように初期の頃から、生ける精神の回復をとおしての社会変革の希望が濃厚にあって、その精神革命を実現してくれそうな政治勢力としてナチズムに期待した。それはまぎれもない事実だ。

証拠はもう、くさるほどある。有名な総長演説。それはどうひいき目にみても、ヒトラー政権への期待とそれへの参画への、明白な呼びかけである。「ナチストを演じた」だけにしては、迫真の演技すぎる。二〇〇〇年に出版された全集第十六巻（当時の書簡や文書や総長掲示・訓告などを網羅した大資料集）をみると、大学の掲示や私信などで、いかにハイデガーが本気で熱心に、時局への参加と忠誠を、大学人や学生に呼びかけていたかわかる。たとえば一九三三年一二月、総長としてハイデガーが各学部にだした「回覧覚え書き」。

「わたしがこの総長職をひきうけた日以来、明確な方針と本来の目的は、国家社会主義的な国家の力とその要請にもとづく、学問的教育の根本的な変容でした」

そう明言するとおりである。一九四五年に、フライブルグ大学の非ナチ化委員会がだした「最終報告書」も、当時のハイデガーの心情をくみとったうえで、説得的である。

「ハイデガーは、国家社会主義革命に、民族的な基盤に立ったドイツ的な生の精神的な革新を期待すると同時に、多くのドイツの知識人たちと同様、そこに社会的対立の宥和や、共産主義にたいする西洋文化の防衛を期待していた。ハイデガーは、国家社会主義政党が政権を掌握する以前の議会の政治的な様子については、なんら明確なイメージをもっていなかった。だが、自分自身の念頭にうかんでいた精神上の転換をもたらすことこそが、ヒットラーの歴史的な使命であると信じていた」

ここでいう「自分自身の念頭にうかんでいた精神上の転換」運動とは、ハイデガーがナチズムに期待した精神革命運動のことである。これについては生涯、反省しない。それどころか、「この運動の内的真理と偉大さ」とまでいってこだわる（ハイデガーが夢見たこの精神改革運動をNαと略記し、歴史上に具現したあのナチズム政治運動Nβと区別しよう）。こだわるばかりではない。それは、戦後の左翼運動と無縁じゃないとすらいう。ハイデガーを耽読しながらこの運動に参加していたぼくのようなものには、ちょっと聞き捨てならないセリフだ。

五月革命への共感

一九六九年のことである。五月革命のパリ。大学闘争のさなか。フランスの研究者パルミエにあてた書簡で、ハイデガーはこう語る。

ぼくはヒットラーに期待したわけではない。「国家社会主義（Nationalsozialismus。通称ナチズム）を、《国民的社会主義》（nationale Sozialismus）へ進化させ、ナチズムのなかにあった《精神的な》潜在力を現実のものとする手伝いが、大学人としての活動でできるのではないか。そう考えたのです。ですがこの期待はみたされませんでした。大学は硬直したままでしたし、世界の状況を洞察しないままでした。今日でも事情はおなじように思えます。〔五月革命の大学闘争のなかで〕いま学生たちがふたたび出してきている多くの要求。それは一九三三年に大学生の若者たちが出していたものでありますす」（16-697）。

むろん後年の脚色もあろう。かれ一流の後知恵弁明術も勘定にいれよう。だがそのうえで、率直であり興味ぶかい。かれはナチズム(Nβ)を、第一次大戦後の不安と混迷の精神状況(ニヒリズム)から生まれでた「変革運動」(国民主体の社会主義Nα)とみていた。もっと正確にいえば、文明論的必然(神の死)ゆえ現代世界につきつけられたニヒリズムを、真正面からひきうけ、決定的な仕方で、そこからの脱出を探求する精神変革運動(Nα)と考えた。いまは未熟でも、可能性(潜在力)を秘めた変革運動と想っていた。

そう考えたために、共産主義でもアメリカ主義(民衆主義)でもない第三の道として、「国民的社会主義」(国家主体の「国家社会主義」ではなく、国民主体の社会主義)にかけた。それが、ナチズムに荷担した理由だというのである。そしてさらにその要求が、当時の学生たちの想いであったばかりでなく、戦後の新左翼運動だった五月革命期の学生たちの想いにも通じているという。

この時期は、世界同時多発的な反体制運動が高まった時代だ。パリの五月のこのカルチエラタン闘争は、全世界的なベトナム反戦運動や、ヒッピー・カルチャーの開花と連動していた。中国では紅衛兵による文化大革命が、そして日本でも大学闘争が勃発した。その前提にあるのは、戦後の工業化社会の成熟とともに高度化してきた、管理社会や社会閉塞化にたいする危機感であり、個人の生とかリアルな情念や生死の感覚が剝奪されることにたいする、若く鋭い感性体からの反発だった。

自分のリアルな生を呼吸する場所をもとめての闘い。だから、自己疎外からの解放運動。そう総括もできよう。まさにハイデガーの深きめざめの思想と、ピタリと符合する。

社会的規模での反転のチャンス

ともあれ重要なことは、ハイデガーがそんな〈深きめざめ〉をめざす「国民規模での精神革命」をナチズムに期待したという点だ。精神革命など、富の配分問題を基軸とするコミュニズム発想法からはでてこない。そもそも下部構造(経済システム)変革をすべての基点とするコミュニズムが、精神革命を唱えるはずもない。かといって、当時のアメリカ型民衆主義(フォード主義。ハイデガーはアメリカ主義とか巨大主義とも名づけ侮蔑)とも一線を画する発想。大衆文化や大量生産・消費を高らかに謳うそれが、精神革命(深きめざめ)だとはどうひいきめにみてもいえないからだ。すくなくとも、「太古の人」ハイデガーが当時そう考えたとしても、的はずれでもないし、責められるべきことでもないだろう(ハイデガーと同年生まれのチャップリンも『モダンタイムス』のなかでアメリカ型フォード主義を痛烈に指弾していた)。

かんがえてみれば、存在不安やニヒリズムの闇をバネに精神革命や自己変革をとなえ、それを哲学としたのが、そもそも初期以来のハイデガー哲学の原景。第一次大戦後の疲弊したドイツ社会に蔓延したニヒリズム。不安と混迷の時代。それはある意味でチャンス到来だった。個人規模でおこるあの「反転の論理」が、社会規模で、あるいは地球規模で実現するかもしれない。初期ナチズム（Nβ）。反資本主義と弱者救済のポーズで登場し、颯爽と失業問題を解決し、緻密な軍事施策をうち、それなりの社会福祉政策をもかかげた〈社会主義的労働者党〉であった初期ナチズムに、そんな精神革命運動（Nα）を夢見た。

これが、ハイデガーがナチズムに参画した根本理由である。それはNβを、ニーチェのいう「ニヒリズムへの対抗運動」とみたということだ。

ニヒリズムへの対抗運動

ハイデガーはこういっている。

「ヒトラーとムッソリーニの両人は、それぞれ異なったやりかたで、ニヒリズムへの対抗運動をひきおこした。両人ともニーチェから学んではいる。だがニーチェ本来の形而上学的な領域（Nα）は実現されていない」（一九三六年の講義録に最初はあった文章。現行版全集四二巻からは削除。ペゲラーの「指導者を指導するって？」五六頁から引用）

第一次大戦後、全ヨーロッパにひろがった存在不安とニヒリズム。そこからの脱出回路を求めてそもそもハイデガーは哲学を開始した。そしてその具体的実現の媒体としてNβ

を積極的に評価した。だが、上記文章を書いている一九三六年時点ではもうすでに、Nβが「ニヒリズムへの対抗運動」としてのNαでないことに気づいていた。子息ヘルマン・ハイデガーの言葉を信頼するなら、それはすでに一九三四年一月三十日以後のことらしい。

「この日以来、ヒトラーへの信仰は、ハイデガーには維持できなくなった。そのことをぼく自身が身をもって体験した。というのもこの時から両親は、ぼくの若気のいたりの《ナチズムへの熱狂》にブレーキをかけようとしてきたからだ――当時ぼくは〈青年民族指導者〉になってしまっていた」(*Heidegger Studies*, vol.11, S.233)

もちろんだからといってNαを否定しているのではない。ハイデガーは、存在神秘へ至る駆動力(「飛躍」へのスプリングボード)として、ニヒリズムを積極的に利用できると考えていた。第四章でみたように、存在否定の冷徹な洞察は、存在の大肯定(存在神秘)へ反転するチャンス。ニヒリズムにまみれた現代世界への〈対抗運動〉と思いこんだNβに、だからのった。哲学的動機から政治的出撃を期待し、だからナチズムにアンガージュした。

哲学的動機ということについて補足しておけば、もともと革命は疎外論を前提とする。疎外論とはもとをたどれば結局、「本来性の神話」である。ほんとうの人間のすがたがある。そのほんとうの人間が実現すべきほんとうの世界や社会がある。だが、外的条件のため、そのあるべきほんとうの在り方から、人も社会も疎外されている。それが不幸な現在の起源。だから、その疎外要因を取り除き、オリジナルな本来の状態へ帰ろう。疎外論とは、おおむねそんな革命思想だといってよいだろう。

だからハイデガーの初期以来の哲学——本来性からの疎外状態（非本来性）を解除し、オリジナルな自己にめざめ、本来の世界へ抜けていこうとする精神革命の〈道〉が、そのまま疎外論にもとづく革命運動に直結しても、すこしもおかしくはないのである。

取り消しできない過誤

さてもちろんのちに、ハイデガーは、このナチ参画という「生涯最大の愚行」を思い出し、痛恨の念を表白している。これも事実だ。いくつもの証言がある。教育学者H・ハインリヒスの証言（日記）を紹介しておこう。

それは、一九五九年十月十四日（午後二時から午後四時半まで）、ハインリヒスがハイデガーと散策したおりのこと。ナチズム当時の教育改革の話題のあと、ハイデガーみずからが、「ナチズムに関する自分の悲劇的で誤っていた評価と、さらに一九三三年五月二七日の総長演説のせいで現在のかれにおこっている思索上の疼きに、話題をうつした」。そして、「回顧するたびにくりかえし突き動かしてくる心痛を、本人以外のだれも推し量ることはできません」。そう、ハイデガーは口にしたという。

そのうえでむろん、当時の「自分の誤った対応は取り消し不可能」であることを承認し、重要なつぎのような告白もしている。それは、「一九三八年」以来、災厄の全貌を察知し、ナチズムに対する関係を徹底的に修正したこと。ナチズムとの関係を断固として切断したこと。第三帝国による大学改革への期待を全面放棄したこと。以上である。

つまり一九三八年の一月か二月には、ハイデガーはナチズムから全面撤退した。それはハイデガー自身もいうように、「ヒトラーの大勝利の前のことである」（ヒトラーの大勝利は一九三八年三月十六日。今日ぼくたちが知っているあのナチズム政治が表面化するのは、この後だ）。

なぜ「問題」なのか

べつにハイデガーの肉親でもないし、信奉者でもないから、ハイデガーの個人的な過誤を弁護する気はない。だからこれ以上、当時の事実関係を、いちいち詮索はしない。綿密なすぐれた研究書が、すでにたくさんある＊。そちらをお読みいただきたい。

だが、ただひとつ気になることがあるので言っておく。それは、なぜハイデガーのナチ問題か、ということである。ハイデガーがナチズムに参画したことが、なぜそもそも〈問題〉なのか。どうもこの肝心なことを、みな忘れているように、ぼくなど想う。

なぜハイデガーのナチズム参画が〈問題〉なのか。答えは簡単だ。それは、ハイデガー哲学がナチズム的でないからである。たとえばマルクス的な哲学思想をもつ者がマルキシズムの政治運動に参加しても〈問題〉にならない。同じように、ナチズム的な思想をもつ哲学者がナチズム運動に参加しても〈問題〉にならない。あたりまえのことだからである。

ハイデガーのナチズム参加が〈こんなに〉問題なのは、ハイデガーの哲学はこれまでみてきたように、あまりにもナチズム的（全体主義とか生物学的人種差別やマッチョな民族主義とか、総動員法にみられるファッショ性とか）ではないからだ。もちろん、すぐに反論がおきることは承知している。「ハイデガーがたんに偶然からではなく、ナチズムと親密な関係をむすび、しかもその関係をほんとうには断ち切ることができなかった原因は、かれの思想そのものの一つの決定的な方向性をになっていたのではないだろうか」（O・ペーゲラー『ハイデガーの思惟の道』、第二版あとがき）。ハイデガーの思想のなかにすでにナチ的方向性があった。そう、あのペーゲラー先生まで疑う。だが、これについては明確に反論しておきたい。

そうした嫌疑はつぎのようなロジックで組み立てられ、それをナチ的方向性という。

①人間疎外論からの近代物質文明・資本主義体制批判があった。

②その解消のため、精神主義（自己変革）路線をとった。

③これが決断主義の立場を形成し、①の考えとあいまって急進的保守革命主義と共振。はては強権ファシズム、民族主義的偏狭政治への賛同につながった。

おおむねそういう立論である。しかし、①は急進的保守主義ばかりでなく、左翼マルキストをはじめ、左右いずれの革命主義ももつ傾向。その①から、②の立場がうまれるのがハイデガー特有かもしれない。だがそれはある意味で、哲学する者の宿命。内面への深い反省と沈潜とが、哲学の真骨頂だから。それを精神主義ということはできても、ナチ的なるものとあえて指弾する理由にならない。あえて②を、悪しき傾向性として強調し挿入するのは、③をハイデガーに特有のものとして導きだすためだった、ということだろう。

だがこの③は、基本的にまちがいだ。たしかに、Entschlossenheit（「閉ざされた扉の鍵を開ける」というのがもともとのドイツ語の字義。ふつう「決意性」と訳すが「打開性」が適訳）ということをハイデガーは強調する。が、すでに第三章でみたように、それは存在にくもりなく打ち開かれようとすること。「存在をする」こと。オープン・マインドでこころをこの世界の存在に開く、天地もろともに吹き通しになる。そんな、じつに簡素な心持ちのことだ。当時はやりの、仰々しい決断主義や急進保守主義とは、直接の関係はない。

むしろかれは、個々の実存の〈自己実現＝自己覚醒〉を、だれよりも深く問題とした。社会や世界なるものが、世界劇場的な演劇構造をもった〈強制システム〉であることの洞察も濃厚。その強制システムのため、「深いねむり」におちいっているぼくたち人間の「深きめざめ」を、だからあれほど熱心に求めた。いわばとても個人主義的なのだ。そのことを、ナチ的な決断主義や全体主義だと歪曲することは、じつに躊躇される。

＊ S・ヴィエッタ『ハイデガー：ナチズム／技術』(谷崎秋彦訳、文化書房博文社)、R・ザフランスキー『ハイデガー』(山本尤訳、法政大学出版局）は必読。

遠くを夢見る精神の危険

むしろそんな、罪ありと決めつけ詰問する「検閲」の態度が、「問題」の本筋をとりにがすことをおそれる。Nβ参画のほんとうの理由も、ナチズム運動が抱えこんでいた危険の正体（ニヒリズムとゲシュテル）も、そんな批判の仕方ではわからなくなるからである。よく指摘されるように、民族とか運命といった言葉が『存在と時間』や講義録にたしかに顔をだす。ドイツの文化や民族への思いあがりにもにた発言もある（でも考えたら、バッハもベートーベンも、ゲーテやヘーゲルやマルクスやカフカやシュバイツァーやクレーやヴェンダースやアインシュタインも、ドイツ文化圏が産み出した天才たち。ドイツ民族や文化を誇る理由もわからぬわけではない）。だがくりかえすが、そんなことゆえにハイデガーのナチ「問題」があるのではない。だから逆に、ハイデガーのいう民族とか運命とはそんなことではない（65-143, 5-93, 38-129, 48-212他）、と反論すればすむはなしでもない。むしろナチズム的ではないのにナチ運動に参画できたところに「問題」があり、危険がある。怖さがある。

つまりナチ的でなくとも、だれもが、かたちをかえたさまざまなナチズムに参画してしまう危険や、怖さがある。この近代という時代構造（ニヒリズムとゲシュテル）そのものが、その危険を宿した土台だからである。そして実際たくさんのドイツ人（とても理知的で情味ある知識人たちがこぞって）が、当時そうだった。ひらたくいえば、この近代という世界では、じつに平穏に日常的な仕方で、ナチズムが進行する。それは、けっして異常で特異なできごとではない。だからこそ、真剣にとりくまなければならない「問題」なのである（「ナチズムの日常性」問題としてすでによく知られた観点）。

もっとあからさまにいえば、冒頭から語ってきた〈遠くをみる生活習慣〉。これがすでにナチズムの兆候なのだ。遠くをみる習慣とは、いまでもだれにも当然のように共有されている時代傾向。近代生活や現代社会そのものといってもいい。だから現在のぼくたちだれもが、すでにあたりまえのように生きているすがた。たとえばＩＴ革命による明るい未来を夢見たとたん、だれもが入りこんでしまうエートスである。特殊ナチ的な問題ではない。だからかつてのハイデガーもそうだが、ハイデガーを責めたてる革新的で立派な知識人も、そうでないひとも、だれもが内的にかかえこんだ現代人の時限爆弾なのである。

沈黙の理由

そのことこそ、ナチズムへの期待を裏切られたことに気づいたハイデガーが、まず最初になぜニヒリズムを問題としたか、そしてその後、生涯をかけてなぜ近代技術の「本質」をあんなに執拗に批判しつづけたか、ということの根本理由である。夢見る精神を可能にしている前提が、ニヒリズムであり、その現在形としてのゲシュテルだったからである。そのニヒリズムを原液とするゲシュテル体制（これをハイデガーは「惑星帝国主義」と総称する）が、そのころも、いまも、そしておそらくこれからも当分のあいだ続くからである。

勇ましく指を立てながら、ぼくたちは他人を指弾する。だが、指弾する指の下の指が、三倍の強さで自分自身に向けられていることを、忘れないようにしよう。

ちょっと無気味なのだが、ハイデガーはある意味で、悲惨な戦争にさえ、そんな惑星帝国主義をうち破るNαを期待するところがあった。存在忘却(ニヒリズム)を破るきっかけになるかと、軽率にも二つの大戦に期待しさえしていた。しかし「二つの世界戦争ですら、歴史的な人間をたんなる存在者の操作から引き離し、存在自身に直面させることを、結局できなかったように思われる。これは一体どのような形而上学的頑強さが、存在忘却のなかで狼藉（Unwesen 非本質）をはたらいているというのであろう」(55-84。一九四三年講義)。

むろん不用意で危険なしゃべり方なのだが、すくなくともハイデガーがどんなところに目をとめてものを考え、傷つき、生きていたかということは、おわかりいただけるだろう。そしてことの重大さも。だからもう、謝ってすむ問題でもない。あえていうがそんなことは、じつにたやすい。デリダもいうように、もしハイデガーが一言謝ればすべてが終わったろう。「ゴメンなさい」。天下の哲学者ハイデガーのその改悛の言葉に、世界中の人たちが感動すらしたにちがいない。じつにあっけない幕切れだったはずだ。

だがそれですむ「問題」だったのか。そんな改悛儀式ですべてチャラにされては、それこそハイデガー自身が屈辱。見えざる手（ニヒリズムとゲシュテル）との対決は、世界中を敵に回してでも、生涯担い続けなければならない「問題」だったからだ。その対決にけりをつける以外に、謝罪の道もないからだ。「ハイデガーの沈黙」の、それが理由である。

すこしく先走りすぎた。反感や誤解をまねくばかりの書き方にもなった。ニヒリズムということから、あらためて語りなおすことにしよう。

2　治せない病

消えたニヒリズム

十九世紀末以来、いろんなものが失われていった。なかでも、二つの《神》の死は、決定的だった。《神》とはこのばあい、人格神をのみ意味しない。むしろひろく、(1)生や世界の究極根拠(目標・価値・規範・理由)と、(2)客観的真理(確実な知)を意味する。

前者の死からは生存のニヒリズムが、後者の死からは知のニヒリズム(近代科学の危機)がうまれた。在ることや、知ることにまといつく、根本的なむなしさや、分からなさの思い。それがいまもなお、時代の基調音として鳴り響いている……。いるはずだった……。

だが、どうしたことだろう。この時代、妙に明るい。ニヒリズムは消えたのだろうか?

いやちがう。ぼくたちがいま生きているのが、ニヒリズムである。

だがそうはいっても、すっかりニヒリズムなんて語られなくなった。むかしなつかしい過去問のようにすら、思われている。ニヒリズムは終わったのではないのか?

いやちがう。あまりに身近になりすぎただけだ。まるで空気。あたりまえすぎる。日常生活そのものだといっていい。

ニヒリズム。それはもう時代そのものであり、世界そのものだということである。

ニーチェの予言どおりだ。「ぼくが物語るのは、これから二百年間の歴史である。来るべきことを、だからもはや別のようには来たりえないことを、つまりニヒリズムの到来を書きしるす」(『力への意志』序)。そうニーチェが書きつづって百年余り。ぼくたちはいま、ニヒリズムのまっただなかにいることになる。

無神経だから気づかないのでは、だからない。神経回路や生活基盤が、すっかりニヒリズムでできあがっている。だから、あえてニヒリズムを語る必要がないだけだ。戦争やってる最中に、わざわざ、いま戦争だと叫びはしない道理。それに、ニヒリズムへの疑念やその問題化はそのまま、自分の存在や生活地盤の否定に、直結する。空気をことさら疑っていては、生きていけないのだ。

真空地帯のどまんなか

くりかえすが、すっかりニヒリズムがしみ込んだ世界に、いまぼくたちは生きている。ぼくたちが生きているのが、ニヒリズムである。もはや、特異な思想家だけに固有の特殊観念ではない。なにか悲惨な外的要因（戦乱・飢餓など）があって、一過的に訪れた暗い特殊状況でもない。この現代世界そのものが、ニヒリズムでできている、ということである。

ニヒリズムとはむろん、生や世界に究極原理が欠落している生存状況を意味する。あわせて、いつどこでもだれにもあてはまる真理（客観的真理）の不在を意味する。だから世界がニヒリズムであるとは、社会や人生や思考の営み全体がすべて、確固たるベースを欠落させたまま、営まれていることを意味する。まるで根なし草。どんなことでもつきつめてみれば、とどのつまり空っぽ、ということである。真空なのは、国家元首ばかりではない。

真空言語が乱れとび、真空人間が群れつどい、真空学級が崩壊寸前になっている。

くどいようだが、ぼくたちが生きているのがニヒリズムだ。ニーチェもびっくりするだろう。これほど完璧に、「最後の人間」たちが心地よく生き、健やかにのびやかに衣食住に満たされながら生きる世界が実現したことを。これほど早期に、衣食住の満足だけで〈満たされるほどの空虚さ〉が蔓延したことを（「先進国」だけのはなしだが）。

ニヒリズムが正常だ

誤解ないようにいっておく。ニヒリズムは正常である。

考えてもみられたい。青空のむこうにひろがる漆黒の宇宙空間。長大な歴史とその広大さ。その中に、塵芥のような地球が浮遊する。その表皮のちっぽけなざわめきとして、人の世のいとなみがある。ぼくたちが棲息する。そんな人間の存在や世界の存在に、必然的な存在根拠や理由や目標が、あろうはずがない。なのにちゃんとした存在理由や目的があると思いこんできた、これまでの人間の歴史のほうが、異様で変則的なのだ。

ニーチェもいうよう、「ニヒリズムが正常なのである」（『力への意志』第二五番）。

だからニヒリズムのこの時代を、ぼくは否定しない。だが、ニヒリズムが伏流し、あたりまえになり、それとして気づかれないことを不幸におもう。ニヒリズムという正常さを、そうとみぬいて生きるそのとき、あるとほうもない出来事がおこるからである。そのためだけにこそ、ニヒリズムが人間を襲うのだと、ぼくは考えている。

だから不満なのは、思想としてのニヒリズムが消えたことである。ニヒリズムをニヒリズムとして生きる姿勢が忘れられたことである。その結果、ニヒリズムをあたらしい悦びへ転換するチャンスが消された。それどころか、ニヒリズム忘却がまたぞろ、旧来の思考様式やエチカ復権を、臆面もなくもとめる時代傾向をうみだしている（倫理ブームやサイエンス・ウォーズや新保守主義や修行ブームなど）。そこが怖い。だからハイデガーは、ニヒリズム隠蔽のこの時代のことを、「最大のニヒリズム」となづけ、慨嘆する（65-139）。

構造としてのニヒリズムと、現象としてのニヒリズム

だが、嘆いていてもはじまらない。論点をくっきりさせるため、「現実的ニヒリズム（現象ニヒリズム）」と「ニヒリズムの本質（構造ニヒリズム）」とを、まずは区別しておこう。

「現実的ニヒリズム」とは、いま描写したこと。ふつうにいうニヒリズム現象である。人生や世界の存在に、コレッといいきれる究極根拠や確実知が欠けていると見ぬく思想的立場。さらにそんな時代風潮や、生存の気分を意味する。

ハイデガーがニヒリズムというとき、第一義に考えているのは、そんな現象となってあられた現実的ニヒリズムではない。それらは、「ニヒリズムの結果にすぎないもの」(48-14)だからである。現実的ニヒリズムを結果させてしまう前提構造(「可能性の制約」)がある。それこそニヒリズムの核心(正体)。そんなニヒリズムの正体にあたるものを、ハイデガーは、「ニヒリズムの本質」とか、「構造としてのニヒリズム」という。

なんだかピンとこない。そうおっしゃるかたは、病状と病原体とのちがいを考えられたい。病気にかかったとき、ぼくたちはふつう、外面にあらわれた症状に気どられる。圧倒される。悪寒がしたり、膿がでたり、頭痛がしたり、発熱したりする病状そのこと。それを、病気そのものと思いがちだ。実際そのことに苦しんでいるのだからしかたがない。

だが、病気には病因がある。病原体が病状をひきおこす。病原体が病状の前提。外面にあらわれる病状は、その二次的結果にすぎない。ガン細胞がひきおこすさまざまな外的症状は、ガン細胞そのものではない、ということだ。もっといえば、病状は病気そのものではない。病原体はあっても、発病するとは限らないからだ。現にどなたの肉体にも刻一刻、ガン細胞自体は生まれ出つづけている。たまたま現象(発症)しないだけのことである。

そんな症状と病原体との区別がそれぞれ、「現実的ニヒリズム」と「ニヒリズムの本質」との区別にあたる。両者はまったく別ものだ。病原体(エイズ菌)が病状(発熱)と似てもにつかないように、「ニヒリズムの本質はニヒリズム的ではない」(9-391)。

この区別のラジカルさ

この区別は決定的である。というのも、「ニヒリズムの本質」は、「現象としてのニヒリズム」をうみだすばかりではないからだ。つまり、一見そうでなくみえる世界や文化活動や時代などの「歴史的動き」をも、すべて包括し、産出する基本動性となりうるからだ。ニヒリズムらしい症状がでてなくとも、病原菌が巣くっていることもある。それらしくない別の様相で、すでに発病している可能性もある（48-13）。

そして実際そうだったというのが、ニーチェ＝ハイデガーのニヒリズム論の深さであり、激しさである。「ヨーロッパのニヒリズム」。そんななにげない用語で、二千年間つづいてきた西洋世界全体が、ニヒリズムという病にかかってきた歴史だと診断する。あたかも病を解消するかのようなすがた（これを「不完全なニヒリズム」という）をして、立派な神様が君臨した十九世紀末までのキリスト教文化の時代はむろんのこと、病など忘れたかのような新世紀のこれからも、ニヒリズムはとうぶん発病しつづけていくと、診断する。

だから、たとえ教会と神学の権威や信仰が崩落し、「神なき時代」になったとしても、基本はかわらない。「良心の権威」とか「理性の原理」となって、あるいは「最大多数の幸福」だとか「歴史的進歩」や「民族主義」や「ヒューマニズム」や「世界標準」というすがたをとって、神の代用品（新しい神）があらわれつづけてきたし、おそらくこれからもあらわれるつづけるだろう。だがそうしたものはみな、「教会的で神学的な世界解釈の変形にすぎない」（48-13）。その世界解釈（目標設定と存在他律化でなりたつ様式＝〈遠く〉をみさせる様式。後述）。これが、構造ニヒリズム（ニヒリズムの本質）である。

過激にすぎる。なんでも丸ごと整理整頓し「全体化」（レヴィナス）したがる哲学者の鈍感さ。そうぼくなど想うのだが、しかしすくなくとも問題はもはや、キリスト教の神があるやなしやといった、のどかでローカルな話題でないことだけは、おわかりいただけよう。

ヒューマニズムをこえた病

そのさい、さらに無気味で決定的なことは、「ニヒリズムの本質（病原体）は治癒を絶している」（9-388）、ということである。

病状なら、なおしたり、いやしたりすることができる。だが、「病原体をなおす」とはどういうことか。病気の体を治すことはできても、病原体を治すことはできないだろう。そんな発想自体が滑稽なはずだ。

もちろん、一過的にある個体からガン細胞を抹消することはできる。できるがそれは、この地上からガン細胞を消滅させることとはちがう。ガン細胞は、自然界にがんとしてありつづける。電球をどれだけ集めたところで、ぼくたち人間は朝を創りだすことができない道理。ニヒリズム（病原体）そのことは、「治癒可能でも治癒不可能でもない」。そう、ハイデガーがいうのはそのためである。ニヒリズムはいわば第二の自然環境なのである。

だからニヒリズム（病原体）そのことは、人為で解消したりできなかったりする次元（＝ヒューマニズム）を、超えている。もっといえば、ニヒリズム（病原体）そのことは治療対象ではない、なのに治療可能だと〈思いあがった〉ヒューマンな意志主義（力への意志）こそ、かつて犯したナチズム参画という愚行の根本原因だったということだ。それは、朝を創りだそうとして、何万何億もの電球を空にならべる痴愚に、にている。

なぜそう思いあがったのか。そしてもし、ニヒリズム（構造ニヒリズム）としてのこの世界に応接する方途があるとしたら、それはいったいなんなのか。それが以後、だからハイデガーの根本問題となる。「ヒューマニズムを超えて」。そんな論調が深まる理由でもある。

存在の空無化

ではそもそも、ニヒリズムの正体（本質）とはくわしくはどういうことか。

「存在自体が無になっていること」（N. II-341他）。そうハイデガーは定義する。両義的ニュアンスをもつ。存在は虚無的なことだとする「現象ニヒリズム」をそっとうかがわせつつ、じつはしっかり「ニヒリズムの本質」にいいおよぶ。つまり、現象ニヒリズムが可能になってくるのは、そもそも「存在それ自体が無と化し、まるで無いも同然となっていること」による、というのである。よく知られた「存在忘却（存在棄却）」のことだ。だがそれは、忘却する人間側の怠慢ということではない。すでに第四章でのべたように、存在自体が三つの意味で無にほかならないことに、起因する。すこしおさらいしておこう。

（1）まず存在は、モノでは無い。だから、モノのように現前しない。現前しないから、ぼくたちのまなざしからいやでも逃れさる。そのため自然と、空無なことになってしまう。

（2）そもそも、念々起滅が存在。存在は刻一刻、無と化すという仕方でしか〈現れ〉ない刹那生起。だから、存在に〈ついて〉ことさら認識しようと身構えても、原理的に認知不可能。亡失され無視されても、むしろ当然である。

こうした存在自体の原理的な隠蔽性（隠れることを好む性格）ゆえ、存在など最初から失念する思想の立場が形成されもする。西洋の伝統的思考方式（ハイデガーは「存在神論」となづけ徹底的に批判する）、つまり形而上学がそれである。形而上学はつぎの二つを柱にする。

①感性的で、はかない地上世界を超えた、超感性的（形而上学的＝背後世界的）根拠の想定。

②その超感性的根拠を、地上的な存在者全体に一つの方向や秩序をあたえる、理想とか規範とか目標とか価値とか法則とか起源とみなす思考スタイル。

この二つの柱によって、この世の〈存在〉が最初からすべて、その超感性的原理（トップモデルが人格神）の方から見られ、位置づけされ、意味づけされる。

しかしそれは、存在という見失われた素顔の上に、さらに厚化粧をほどこすようなもの。こうなってくると、もはや、存在を忘れていることも忘れてしまい、存在などじつに自明で無きも同然の、まさにどうでもよいもの（nichts）になってしまう。

（3）だが、その自明性をやぶる出来事がおきる。現象ニヒリズム（超感性的原理の死）のときである。そのとき、生きて在ることや世界の存在そのことが大きな疑念と化し、ぼくたちに切迫する。存在ということ自体が、もはやどうでもよいもの（nichts）でなくなる。だが存在はその場合、まずは無気味な底なしの虚無のすがたで〈現れる〉。そのため存在は、まさに否定的で、虚無的で、吐き気をもよおす禍悪なことと、想われてしまう。

その醜悪な表づらに圧倒されて、その結果、存在の素顔（存在の真理）におよばず、存在は存在それ自体としては、否認されつづける。存在の素顔（存在神秘）に気づかないそのことが、「歴史的な根なし草の状況」（65–116）をうみだす。世界や人生や思考の全体がすべて、確固たるベース（根拠・規範・理由・目標）を欠落させたまま営まれているという、すっかりぼくたちになじみの現代生活の風景が、こうして発病する。

根本洞察のゆくえ

おおむねそれが、「存在が無になっていること」という定義の内実である。現象ニヒリズムにおちいるのも、また一見ニヒリズムを超脱したかのような――なにせ立派な生存根拠やあの世という別荘まで与えられるのだから――形而上学的思考が幅をきかせるのも、いずれであれそもそも、ぼくたちが存在を忘失しているからであり、さらにいえば、存在それ自体が、忘失されるような成り立ち（存在即無）をしているからだということである。

そんな根本洞察が、「存在が無になっていること」という簡素な定義のなかに、凝縮されている。と同時に、存在覚醒そのことは、人為で左右できる次元をこえているという意味もこもる。「存在の無」それ自体は、人の手でどうしようもないからだ。

病状（現象ニヒリズム）なら、いろんな対処療法がある。クスリも効く。だが、存在の無そのことを否定したり、解消したりすることはできない。人為的に（政治的に）左右し、病原体そのことを駆逐しようとした過去の自分の過誤への反省も、この小さな定義のなかにこもる。ニヒリズムの本質論には、ナチズムの影がひどくおちているのである。

このことはさらに、どう病原体（構造ニヒリズム）とつきあったらいいかという問題への、示唆をあたえてもいる。治癒不可能な病原体。ならばもうごまかさず、それと正面から向きあい、まずはつきあってみるしかなかろう。病原体を冷徹に見きわめることで、なんらかの道が開けるかもしれないからである。だからハイデガーは、まずは病原体の解剖学(ニヒリズムの本質論)におもむくわけだ。

もちろん、病原体を抹消するためではない。病原体にたいしてぼくたち人間が耐性的な在り方をえるにはどうしたらいいかを、模索するためである。ニヒリズムの本質(病原体)を受け容れても平気な思考変容を模索するため。そういっていいかもしれない。

というのも、ニヒリズムの本質に接近し「それを通して、思考自体が変容する」(9-388)からだ。思考ばかりか、ぼくたちがこの世界に住まう住まい方(エートス)が、根底から変質する。病原体(悪)がうようよ漂うこの世界のなかで——それを否定することなく——生きていく姿勢(悪と戦わぬ闘い方?)が萌芽する。ここが当初は道づれだったニーチェやユンガーと、袂をわかつところ。ニヒリズムを超えたり、なきものとしようとしたかれらとの対決も、だから必要になった。ハイデガーが「別の思索」や「放下」という言い方で表現しはじめることがらも、その延長線上にみえてくるはずだ。いつもは患者であるぼくたちも、すこし怜悧な医者になったつもりで、ニヒリズムの解剖につきあうことにしよう。

3 ニヒリズムの解剖学

垂直の変成──旧・神の国の構想

まず、ニヒリズムの根深さについて考えてみよう。

それはなぜ、かつてもいまもこれからも、ニヒリズムの時代がつづく（ニーチェによればあと八〇年ほど）といえるのか、という問題である。このニヒリズムの根深さを理解するために、「垂直の変成」と「水平の変革」との類同構造に、着目してみよう。前者が、ニヒリズムの正体（病因）をおおい隠す古典的構図。後者は、その現代版である。

いうまでもなく、かつて素朴に神の国（極楽でも浄土でも天国でもおなじことだ）が信奉された。旧・神の国の構想の骨格は、単純。二世界論でできている。

二世界とは、現実世界（此岸）と背後世界（彼岸）。地上の現実世界は、汚濁と痛苦にあふれ、おまけに無根拠な未完成の世界。だがこれは、〈ほんとうの世界〉ではない。現世はあくまで、浄福で完全で善なる彼岸世界へいたる、かりそめの世界（ニセモノ）。いずれ、無根拠で欠陥だらけの此岸世界は、完全で盤石な彼岸世界（神の国）に成り変わる。

大いなる最善意志（神）が、その変成を保証（契約）してもいる。だからその至高で浄福な

「神の国」が、はやく現実世界（地の国）に実現するよう尽力して生きること。それが、この世でのぼくたちのテロス（そのために生まれ生きて死ぬる究極根拠）ということになる。

とすればもう、「すべては空虚、この世は虚しい」（『旧約聖書』「伝道の書」冒頭）と嘆く必要はない。大いなる意志（神の御心）に従って、神の国の早期実現のために生きることが、ぼくたち人間の存在理由であり、明確な「生の指針《エチカ》」となるからだ。古代ギリシアに発した霊肉二元論や審判思想や神学宇宙論が、そんな神の国の構想に理論的な補強をしてもくれる（パウロ神学のこと）。こうして、ニヒリズムも、存在不安も、解消された。

ニーチェにより、思いっきり切りつめていえば、それがキリスト教的な世界観であり、古き神の国の構想である（ずいぶん戯画化されたキリスト教観だが、常識的見解でもあるはずだ）。

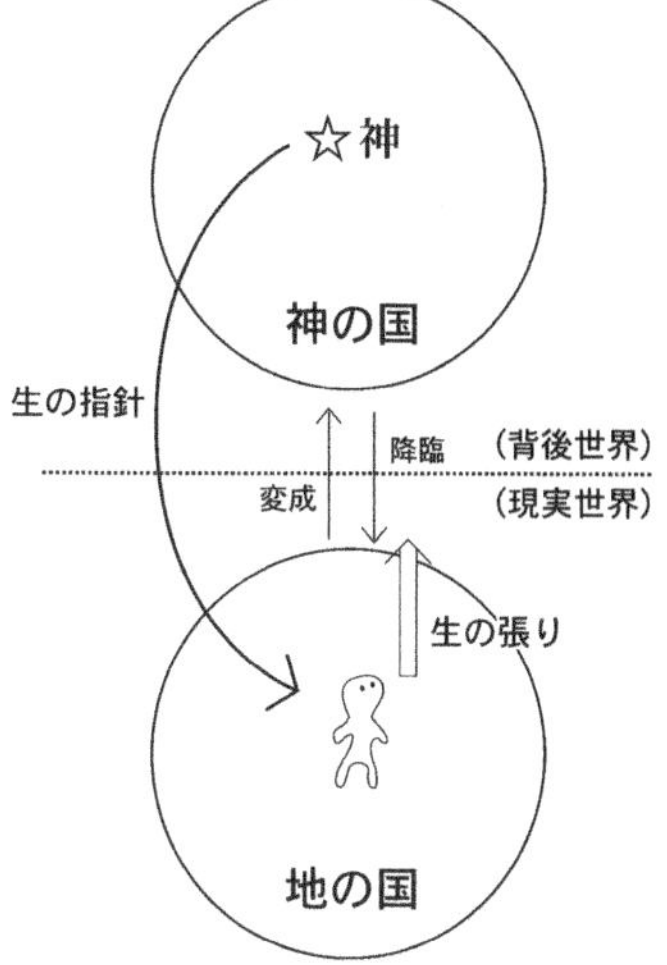

旧・神の国の構想図

図をごらんいただければわかるように、垂直方向に二つの次元を区別し、その相互関係から、此岸世界を意味（根拠・目標）

づけるところがミソだ。まずは「最高価値」（永遠に有効で普遍的に妥当する価値）を超越的背後世界に位置づける。そして、その最高価値としての彼岸世界が「此岸世界を支配し、その彼岸世界の最高価値を実現し成就する努力が、（此岸での）絶対的な理想」（48-166）と想定する。そしてそのうえで、さきにのべたような生の指針や、テロスの物語を、語るわけだ。

もちろん、みえすいたおとぎ話。ありもしない背後世界に、虚仮《アイドル》の楽園を書きこむことで、イマココの空虚な現実に意味をあたえ、存在理由や存在根拠を書き入れようとする「生活の知恵」である。いつかどこかの〈遠く〉に、夢のパラダイス（神の国＝希望の星）をかかげ、それを向かうべき指針とし、そこから現在を生きぬく明確な目的や価値や方向づけを〈他律的〉にいただくという構図。灰色の受験勉強のいまではあるが、彼方に大学という名のバラ色の楽園がある。だから懸命に勉強すればいずれ幸せになる。そんな陳腐な心理的トリックを、いわば生死をこえたスケールで、えがきあげるわけだ。

水平の変革――新・神の国の構想（進歩史観）

だが、神の死の到来。天空高く垂直上昇すれば、ぞっとするほどボイドなアンドロメダ銀河にぶつかるだけ。背後世界なんかない。そう、宇宙物理学がはっきり教えてくれた。科学知識が浸透した近代。霊肉二元論や魂の不滅といったあやしげな思想まで連動させる

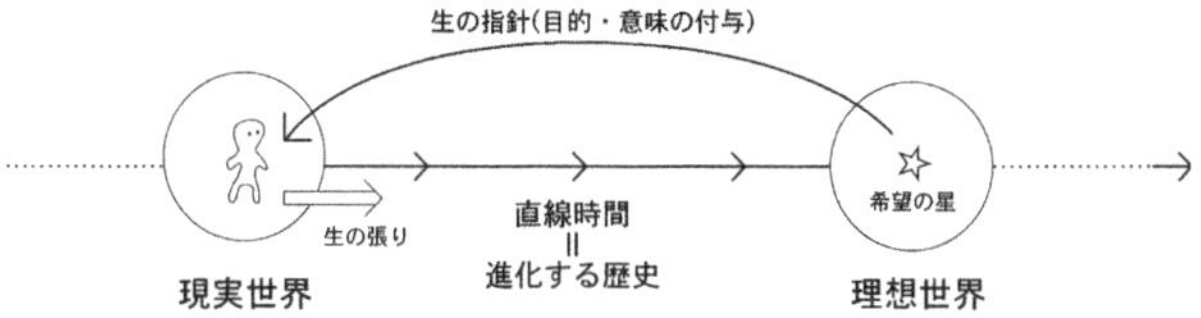

新・神の国の構想図

神の国の思想には、理知があらがう。愛らしいおとぎ話以上では、もうありえない。

そのため、背後世界から他律的にあたえられていた、この地上世界の存在理由も究極目標も生の指針も、当然、瓦解する。もちろんそれはすでにみたように、反転のチャンス。神や起源や目的といった生存の重々しい呪縛がとれ、いまここのこの世この生の〈自律的な〉かがやきに目覚めるためのスタートラインとなるからだ。

だが、にもかかわらず、神の死の後の近代社会は、またぞろさまざまな仕方で、しかも今度は科学的な裏づけまでもちだしながら、「新しい神の国」を構想する。

図をみていただきたい。新しい神の国。それはもはや「背後世界」に構想されない。垂直方向の彼岸の彼方に信仰の出来事として構想された神の国は、今度は、直線時間軸上のあくまで此岸の水平方向に、実在的未来の出来事（理想世界）として設営される。

前提には、近代特有の進歩史観がある。歴史は単純に流れない。じょじょに進化し、発展しゆたかになる。まるで川の流れのように、上流でとぼしかった水も、下流へくだるにつれ水かさをまし、いずれ豊饒の海へいたる。そんな進歩思想が、近代の常識的な時間論・歴史観念となった。たんなる信仰ではない。現に事実として、目前でかがやかしい科学技術の成果があがっていた時代である。産業革命によるめざましい物質的豊饒化がはじまる。エッフェル塔が立つ。飛行機が飛ぶ。電話や自動車や映画などなど。近代化は、めくるめく明るい未来を、ありありと予感させた。だから、不完全で不浄で不幸な現実世界も、いずれはその進化・拡充・発展により、完全で浄福な「理想世界」へ変成すると、そう思いこんでもおかしくはない時代の勢いがあった。

こうして、さまざまな理想世界（希望の星）が、しかも科学的なお墨付きまでもらいながら、つぎつぎと構想されてくる（すべて科学技術がらみ。ニヒリズムとゲシュテルとの深い関係が問題ともなる）。科学技術の進歩による物質革命を通じ世界は浄福になると夢見る「世界幸福説」。右左の革命思想（マルキシズムは科学性をウリにした）。あるいは戦後世界を風靡した高度経済成長論。それはたんなる経済理論ではない。経済システムの高度拡充が、やがて精神的充足をふくめた「完全で浄福な理想世界」を実現するのだとする、立派なユートピア世界観だった（ケインズ経済学の後ろ盾で）。エコノミック・アニマルと揶揄されながらも、だからあれほどぼくたちの先人たちはモーレツに会社仕事に専念できた。それも破綻した今でも、それにかわる新しい希望の星をつくりだす（IT革命、緑の文化、世界標準など）。ぼくたち人類は賢いから、希望の星のネタは当分（ニーチェによればあと八〇年ほど）つきないだろう。それが、「新しい神の国」の構想であり、ニーチェ＝ハイデガーがにがにがしく思っていた同時代の動向だった。

不完全なニヒリズム

にがにがしく思っていたのは、それはあくまでもすがたをかえたキリスト教（存在神論＝形而上学）だからである。文字どおり、タテのものをヨコにしただけ。構図自体はまったくおなじ。いまここではない〈いつかどこか〉の遠くを夢見る思考と生存の方式に、かわりない。そしてそれは、ニヒリズムからの反転のチャンスをつぶす構図。

ニヒリズムからの反転のチャンスをつぶす、こうした新・神の国の構想を、ハイデガーは「不完全なニヒリズム」（48-138）とよぶ。さきにのべた「キリスト教の変種としての世界幸福説や社会主義」がまずやりだまにあがる。がそればかりではない。足を洗ってきたばかりのナチズムも、あるいはアメリカ主義もその典型とみなされる（65-117 他多出）。

いうまでもなく、新しい神の国の構想も根本から幻想である。すこしも浄福をかなえないからだ。あたかもかなえるかのようにみえる。だが問題をすり替え、先送りし、最終破局を延期しつづけているだけ。いずれ破綻する。というのもつぎのような理由からである。

（1）【他律的な浄福構造】新・神の国の構想は、この世この生それ自体の自律的（内在的）意味や価値や目的や理由を説明してはいない。あくまで、いつかどこかに仮想された「最高価値」から、他律的に、価値や目的や理由を授与する方式。だから、この世この生それ自体の肯定ではない。肯定されているのは、はるか遠くの〈希望の星〉だけ。それを輝かせ、そこからバックシャワーを浴びることで、いまここの生や世界の輝きに変えようという知恵。まっ暗な部屋に電球ぶら下げ、ほーらこの食卓は明るいだろう、といっているようなもの。ペテンである。

（2）【不幸がなくなると消えてしまう浄福論】だから当然、希望の星が現実のものとなったとたん、消えてしまう浄福論。希望の星が希望の星でありうるのは、それがいつかどこか〈遠く〉におかれていることによるからだ。たとえば、大学に入学してしまえば、受験時代に輝いた大学という名のユートピアはかき消えてしまうように。入ってしまえば大学もまたユートピアではなく、高校生活の拡大増刊号でしかないことがわかってしまうからだ。だからまたぞろ、大学という不完全な世界を意味づけるため、卒業後の優良就職先という天国や、幸せな家庭という楽園を夢み、それを求め競うことで、大学生活をやりすごす。そうやって芋蔓式の他律浄福論を連続させ、やがて死ぬというわけだ。

（3）【成功神経症】つまり、成功神経症にかかっているのだ。たとえニセ薬であっても、それがまだ手に入らない間は、希望をあたえてくれる。幸せな想いで、それを求める努力をつづけることができる。だが、いったん手に入ると、それが徒《いたずら》な希望だったことがわかってしまう。その結果、極度の意気喪失と絶望感がおそうのだが、だがそれゆえさらに一層はげしく、新しい希望の星という名の新薬を求めつづける。近代特有の進歩史観とは、そんな成功神経症にとりつかれたイデオロギーだった。そう言っていいのではないか。

べつにそれで悪いわけじゃない。が、結局いつまでもこの世この生それ自体の輝きを失い、リアルな浄福（存在神秘）を先延ばしにしていく不幸（不浄）論におちいっているんだというくらいの自覚症状は、もってほしい。

問題のすり替えと先送り

しかしなにより問題なのは、当初の問題がすっかり消失してしまっていることである。問われていたのはこの世界の〈存在〉であり、その究極根拠（理由・目的・価値）がないということである。森があり、石ころがあってぼくたちが生きている。そんな存在の事実の無根拠性がニヒリズムの拠ってきたる理由だった。つまり〈存在問題〉こそ焦眉の課題。

なのに不完全ニヒリズムは、存在者の世界の変化拡充問題にすり替え、その変化拡充運動に参加することを、存在の究極根拠としてしまう。「存在論的区別」を無視し、無視していることも忘却する勢いのなかで、あたかもこの世この生に究極根拠があるかのように装う。ニヒリズムを超えたふりをする。だから不完全ニヒリズムはたちが悪い。

「不完全な受動的なニヒリズムは、従来の諸価値を、あまりかわりばえのしない、しかも弱体化した諸価値で置きかえようとする浅薄な努力のこと。たとえば〈キリスト教〉にかえて、〈社会主義〉や〈普遍的世界幸福〉を理想とする努力のこと。この不完全なニヒリズムによって、本来のニヒリズム（反転の好機）は遅延させられる」（48-168）

今日は明日への途中ではない

もちろん科学技術の進化とともに、物質生活は華やぐだろう。民主主義の拡充とともに、法規は整備され、不正や汚濁や飢餓はなくなる。社会は明るく清らかになるだろう。

それはそれでいい。革命運動もシステム変革も、それはそれでやったらいい。積極的にやったらいい。そういわれなくてもぼくたち人類はやる。生存保持の努力（conatus essendi）がぼくたち人間の自然法則だから、ほっておいても自然にやる。

だが、どんなに存在者の次元の操作をし、存在者レベルの進化・拡充をはかっても、存在者の〈存在〉そのことの虚無性は解消されない。されないどころか、解消されたかのようなふり（明るく豊かな社会）をするから、かえって存在の事実がみえなくなる。〈存在〉そのことは空虚（無根拠）なまま。いつまでたっても、どんな時代になろうとも。

「いまという再びかえることのない時間は、明日のためにあるのではない。今日という日は、明日やあさってや来年への途中ではない。〈中略〉いまが豊かでないのに、明日が豊かなはずがない」（『アパルトヘイト否！国際美術展』カタログ、一九八八年）

野間宏が紹介しているアフリカの民のそんな質朴な時間感覚が、新・神の国の構想のトリックの中心部を的確についていているように想う。今日という一日の〈存在〉そのことが肯定できず、どうして明日の〈存在〉を、未来の〈存在〉を肯定できるのか。日々の中身は華やいでも、日々という存在そのことが否定されたままで、明るい未来はない。なぜなら明日も今日になる。その日々の今日という一日それ自体を肯定し明るくできないのに、明日や未来という虚飾電球の明かりで当座をしのごうたって、無理。そんな意味である。

手段の目的化、あるいは最大のニヒリズム

どうしてこんなことになるのか。それは、不完全ニヒリズムが、「いっさいの目的が失われていること」（『力への意志』第二五番）を、つまりニヒリズムを、認めまいとする姿勢（意志）につらぬかれているからである。もっと正確にいえば、目的喪失を、手段を代用し目的化することで回避しようとするからである。ハイデガーはこういっている。

「ほんとうのニヒリズムの態度やふるまい。それは目的が失われていることを承認しようとしないことである。だからそれゆえに、突如急にふたたび、〈目的〉なるものを持ったりする。たとえば〔ナチのいう〕民族なるもの。それは目的追求のための〈一手段〉でしかありえないものが、目的そのものへ高揚されていくことである。ひとが目的をふたたび持ったと信じている場面に、まさに最大のニヒリズムがある。

最大のニヒリズムとは、人間の目的喪失性を組織的に閉め出すことである……〈代用品を用意すること〉で回避することである」(65-139)

手段の目的化。その具体例としてハイデガーは、ナチの「喚起による力」のような組織をほのめかしながら、当時の時代風潮となった「騒がしい陶酔体験」をあげる。英雄神(Herrgott)とか神意(Vorsehung)といった、これもナチス御用達の代用品もやり玉にあがる。

目的喪失状態のスキをついて、一手段でしかないものを、あたかも目的であるかのように僭称しあおり立て、〈代用品〉(おクニ、現人神、列島改造、八紘一宇、国際貢献、テロ撲滅、緑の革命、構造改革)を、いかにもほんとうに大切な究極目的や根拠であるかのように、時代や社会全体が組織的にセッティングしている、というわけだ。なんだか壮大なものを強調し、もってその巨大さがカモフラージュ(めくらまし)になって、あたかもそれが大変な究極の事柄であるかのように偽装する、というわけである。

考えてみると、そんな「巨大主義」がどんな時代にもはびこってきた。ピラミッドや大仏。万里の長城。ビッグイベント主義の万国博覧会だとかテーマパークやら、人類皆兄弟式の世界大会のかずかず。より早く、より大量に、よりグローバルに、より効率よく、より多くの利益に、より多数の者の幸福を。ギネスブックさながらに、一番、巨大、広範囲といった《量的性格》そのことがめくらまし効果になり、《自己目的化》する。巨大さが〈偉大さ〉とすりかえられるわけだ（以上 65-135ff.）。

それは、戦時中の日本やドイツのことばかりではない。世界標準に追いつけ並べと声高に叫び大同団結していく、今日の先進国の風潮もまたおなじ。こんな現代の状況を、ハイデガーは、「最大のニヒリズム」とよぶのである。

存在他律化

ポイントは、手段を代用し目的化することで、目的喪失状態を回避（隠蔽）するということである。いいかえればそれは、究極原理が〈外在〉するといまだに信じているということである。いまここではないいつかどこかの《外部》から、他律的な仕方でしか、生や世界の根拠や目標（生きがい）は設営できない。そう、かたく信じているわけだ。

だが、究極原理（存在の意味や理由や根拠）は《外部》にあると、だれが決めたのか。そんな信仰があるかぎり、《内部》なる今ここのリアルな存在そのことに、眼は開かれていかない。もっといえば、存在こそが目的であり根拠であることを見ぬけないから、いつまでたっても、手段でしかない外部のことどもを代用品として求めつづけているだけだ。

ではどうしたらよいのか。このことを理解するためには、構造ニヒリズムの現在形であるゲシュテル（近代科学技術の「本質」）について、くわしく検討してみる必要がある。

ハイデガーはゲシュテルのことを最初（一九四〇年講義）は、地上のモノゴト全体が、「機械的経済のなかに無際限に組みこまれた」、という言い方で表現した。

「君たちも、ぼくも、ぼくたちも、個々人も、仲間も、牧人も群畜も、指導者も指導されるものも、つまりすべての人間がまえもって、存在者全体の機構と人間育成の本質原理である機械的経済のなかへ、無際限に組みこまれているのです」(48-275)

人間中心で営まれるようになった近代文明。だがじつは中心のはずの人間すらもそこに埋めこまれ、それに最終的に動かされている根本構造がある。その根本構造をここでは、「機械的経済」というやや無骨な用語で示そうとしている。これが後のゲシュテルである。

といっても、ニヒリズムの本質論とべつのことではない。構造ニヒリズムが、あらためて科学技術という現代世界のトピックを手がかりに、より具体化されるだけである。ニヒリズム論と重複する議論など多々あるが、〈遠くをみる生活習慣病〉というぼくたちの日常を、ねもとからくまどる秘密の分析。無視できないテーマのはずだ。

4　ほほえみのファシズム

意思決定しているのはだれなのか

「人」と「為す」を合わせると、「偽」という字ができる。人為とはイツワリ、人の為《な》すことなど、イカガワシイ。そんなことまで示唆しているのだろうか。

ともあれ、ぼくたちはつい思いたがる。自分の行いや考えは、自分の意思(意志)で決断し編みだし選びとっている。だから主体性(人為性)を研ぎ澄まして生きれば、あやまつことはない。立派な行為も判断も可能。そう考えてしまう。またそう教えられて育った。

だが、人間主体へのそんな思いこみにたいして、たとえばフロイトはノーといった。ぼくたちを動かしているのはじつは、ぼくたちの知らない無意識の世界。自分の意志でコントロールできると思っている意識の底に、もはや人間のイニシアティヴを超えた次元があり、それがすべてを左右する。だから、〈人間の行為や判断は個々人の自由な意思や主体性で決まる〉とする、これまでの近代的人間観は撤回されなければならない。

おおむねそう、フロイトの精神分析学は教えてくれた。M・フーコーもまた、権力論の文脈から、現代につきつけられた根本問題を、つぎのようにいう。

「ぼくのかわりに意思決定しているのは誰か？　こうしてはいけないとか、こういうことをせよと、ぼくに禁じたり、命令するのは誰なのか？　誰が、ぼくの態度や時間の使い方を、あらかじめ定めているのか？　ある所で仕事に就いているぼくに、いったい誰が、別の場所へ移住するようにと強制するのか？　ぼくの生活と完全につながったこうした意思決定は、どのように行われているのか？　これらすべての疑問が、ぼくには今日、根本的であると思われる」（「権力について」）

こうしてえぐりだされてくるのが、よくしられた「微視的権力」。現代世界では、権力は、社会や人間関係の微局所にひそかにあらわれ、生活環境とさえなっている。かつてのように、目に見える大がかりな「大権力」としてではなく、会社や工場や学校や病院などの管理システムと化し、その息苦しさや、過密度さや、追い立てる力としてはたらく。

人為の底にはたらく「構造」

N・ルーマンの社会システム論もまた、こうした先哲をふまえた議論である。

「むろんぼくたちも、先立つ意識がなくても社会システムが存在できる、とまではいわない。けれど、主体の根源性、意識の先行性、意識の根底性を、ぼくたちはあくまで社会システムをとりまく環境としてとらえる。社会システムの自己準拠（社会システムがそこに起源をおく基盤）としてはとらえない」（『社会システム――一般理論概要』一二三四頁）

フロイトでは深層心理に焦点があわされる。フーコーやルーマンでは、社会システムとしての権力機構に焦点はあわされている。そんなちがいはあるにしろ、いずれも、人間の行為や思索は個々人の自由な意思で決まるとする近代的人間観や、人間主体への信頼主義（ヒューマニズム）が、まさに根底から告発されている。

人間の意志や権能を越えたなにか超絶的次元に、ぼくたち現代人は気づきはじめたということである。人間主体の文化や諸システムをおし進めた近代という時代がかえって、それまで気づかれなかった超絶的シフトを、あぶり出してきた。そういってもいい。

実際、人間の言語を分析していくと、そこに発見されるのは人間の本性でも人間の自由な活動でもなく、むしろそんな人間的自由や意識活動を支配する超人為的規範構造だった。精神分析家が個人の行動や意識を分析しはじめると、ついにかれが出会うのは、その個人という人間ではなく、本能や衝動が渦巻く非主体的な世界だった。フーコーもいうように、あらゆることの〈中心〉と想定された「人間の死」が、ぼくたちの時代を特徴づける。

さてハイデガー。かれが中期以降に展開することになったゲシュテル論（近代科学技術の本質論）も、そんな現代思潮にそった（むしろ先駆した）議論である。

壮大な時代批判

科学技術が、ぼくたち人間の生や社会ばかりか、地球全体を直接、間接に管理し、行く末までをも左右する。それが現代世界であることを、もはやだれも否定しないだろう。

人類が文明生活（農耕文明）をおくるようになって五〇〇〇年。現代文明（科学技術時代）はそのさらに二〇分の一。人類史五〇〇万年のうちの、ほんの〇・〇〇五％にすぎない。

その、じつに特異で〈変則的〉な近代科学技術（以下、テクノロジーとも表記）の「本質」を、ハイデガーは**ゲシュテル**となづける。「ゲシュテル」とは耳なれぬ言葉かもしれない。ドイツでは、足場とか書架とかフレームを意味する日常語。だがさらに、ある独特のニュアンスをもつ。たとえば召集令状のことを、ゲシュテルンクス・ベフェール（Gestellungsbefehl）という。戦場へかり出し、殺戮に駆り立て、追い立て、煽り立てる「強制的なフレーム」（Gestell）あって可能になる、出頭命令書のことである。

そんな召集令状ともひびきあう、「追い立て、駆り立て、徴用する強制的なしくみ、ないし根源力」のことを、ハイデガーはゲシュテルと名づけ、それをテクノロジーの本質という。科学技術は、人間が制作し、操作する便利な道具。そう、ぼくたちはふだん、素朴に思いこんでいる。だが、科学技術も言語や意識と同様に、その本性へ分け入ってみると、もはや人間が制作し操作する〈用具〉などという、のどかな素顔をしていない。むしろ人間的自由や理知や主体的行動を支配する超人為的構造がその背後で糸をひき、人間をたくみに使役している〈媒体〉だ、ということがわかってくる。

テクノロジーをみずからが現れるための媒体にしているこの超人為的構造。それをハイデガーはゲシュテルとよぶのである。そしてそんなゲシュテルが君臨しそれにすっかり貫通され、仕組まれ、追い立てられて動く現代世界のありさまを、**惑星帝国主義**となづけた。

念頭にはむろん、こんな着想をえた、当時の第三帝国（ナチ体制）の惨状がある。最初は一九三八年のこと。講演『世界像の時代』の「注」にでる。

「人間の主体中心主義は、技術的に組織された人間の惑星帝国主義において、絶頂に到達する」（5-111）

公開の席上で直接話されたわけではない。が、この時期すでにハイデガーは、近代世界の根本構造をゲシュテル（この時期は「機械経済」とか「形而上学的意志」といっていた）とみぬいて、ナチズムに典型的な仕方であらわれた、近代世界の根本の成り立ち（モデルネ）自体を、壮大な規模で批判的に解体しようとしていた。このことは事実だ。浅薄な「民族」理念の旗の下、総動員法を施行し、モノや人間を戦闘に役立つ〈物資〉や〈人材〉として強引に徴用し取り扱う、当時の政治や社会のありさま。それが典型モデルとして考えられていたのである(65-139f.)。さきにのべたように、だからかれのテクノロジー批判はそのまま、ナチズムに対するかれなりの抵抗運動であり、かつナチ参画という「生涯最大の愚行」に対する謝罪行動だった。ハイデガーはじつは少しも「沈黙」などしていなかったのである。

戦争は終わっていない

だがそのさい重要なことは、そんなゲシュテル構造は、歴史上の一事件としてのナチ・ファシズム固有の体制ではないということだ。ファシズムの「ファッシ」とはもともと、ローマの執政官が持つ「わらと斧を一つに束ねたもの」のこと。強固な団結の象徴として使われた。つまり、ある一つの方向へすべてを総動員し、束ね、画一化し、はてはまるでゴミのように抹消していく政治・社会体制を意味する。だからもちろん、ナチズムだけでなく、ファシズム・イタリアも、赤紙の召集令状をばらまいた旧日本帝国もその典型だ。

それればかりではない。連合国の戦時体制も、大量動員をかけ、物資や〈人材〉を徴用し戦場へ送り込む強要装置であったそのかぎり、ナチズム同様のゲシュテル体制だった。

そして戦後。物資や資源を大量徴発し、人間をたんなる人材や人員とみるしくみは、温存されつづけた。温存されただけではない。ベトナムにも、中東の湾岸やアフガンにも、バルカン半島にも、そのしくみは炸裂しつづけた。敵も味方ももろともにである。

爆弾仕掛の戦場だけではないはずだ。企業戦争。交通戦争。環境破壊。いじめやリストラ渦巻く町工場や教育現場のあちこちで、いまもくりひろげられているこの世のしくみではないか。人材育成。人材派遣。物資調達。そんなせりふは、ぼくたちのごくふつうの日常会話。最近は、人体のパーツ工場さえできた。臓器さえ売り買いの対象なのである。

だからそもそも、この時代や社会の根本のしくみそれ自体が広義でのナチズム、つまりゲシュテル（万物を「役立つモノ」とみるしくみ）ではないかということである。歴史上の惨劇をひきおこしたナチズムは、その顕著なしかし一事例。ソ連の強制収容所。コソボ紛争。そんな陰惨な戦争や戦後の競争社会システムをみるとき、そしてその競争社会システムがグローバル・スタンダードという別名で主演役になってきた現在の世界劇の動向をみるとき、じつはその根本のしくみはなにもかわらない。その意味で、戦争は終わっていない。

そう、ハイデガーとともにいわなければなるまい。全体主義と社会主義と自由主義といった表面の色彩のちがいはある（あった）にせよ、惑星的視点で遠目から透かして見るとき、近現代の政治や社会の根元のしくみそのことは、右も左も、先進国も後進国もおなじ穴のムジナ。同型異相。それが少なくともハイデガーの理解の仕方だった。そしてその同型の《根元のしくみ》のことをかれは、**ゲシュテル**というのである＊。

＊　こうした〈超絶〉構造を強調する危険はある。人間主体の努力や当為を軽視する傾向がそれだ。

ゲシュテルで、ひとしなみに《装置》の「差異性」を無化してしまう危険もある。これでは、ブロイラー工場や野菜プラント農業の〈装置〉も、大量虐殺の「ガス室」と同等にみてしまう危険がある。そう論者たちからハイデガーは激しく批判された。たとえばH・エーベリング。「《ゲシュテル》における差異の抹殺は、《装置》の無差別な同一視である」(『マルティン・ハイデガー』青木隆嘉訳、法政大学出版局)。だからエーベリングは、当為や理性的行為の復権を提唱する。

ルーマン社会論に関しても同様に批判。「意識ぬきのシステム論」といいながら、じつはそのシステム論には「意識理論の成果はほぼ保存されている」。なのに意識の主体性を放棄し、意識にアウトサイダー的な役割しか認めない。そう厳しく糾弾する。意識主体を護り深化させようとする立場からのこうした重要な批判を承認したうえでなお、「人間の死」がつきつける課題の大きさ深さはふえこそすれ、減ることはない。光がませば闇も深まるように。

グローバル帝国権力

この構造的ファシズム(惑星帝国主義/ゲシュテル)のたちの悪さはなにより、それが一見そうではないようなすがたで、あらわれるところにある。進歩と平和と繁栄を約束するユートピア・イデオロギー(明日を夢見る精神)のすがたをして、しかも近代科学技術という羊の皮をかぶりながら、静かに、穏やかに、進行するところにある。高速道路を平和に走っている日常のなかに、清潔に整備されたオフィスで仕事をしているさなかに、音もなく浸透しているところにある。いうまでもなく、戦後のぼくたちの時代のことだ。

科学技術をまさに道具にして、ヒューマンな人間性を手下につけ、じつに平和な微笑みのなかで進行するこの「構造的ファシズム」。惑星帝国主義とハイデガーが名づけたそれを、E・フロムの言葉をかりて、「ほほえみのファシズム」とよぶこともできよう（『生きるということ』佐野哲郎訳、二三二頁）。あるいは、最近、M・ハートとT・ネグリが共同提起した、「帝国」概念の先駆形とみることもできる。グローバル化した市場と、生産・流通システムとを、根元から制御し、「永遠な平和」の装いのもと、もはや一国や一文化圏に限定されない地球規模で「支配する主権的権力」(M. Hardt and T. Negri, *Empire*, 2000)。現代の統治主権としてのそんな「帝国」概念に、ゲシュテルは、ピタリと符合する。

ハイデガーのゲシュテル論は、たんなる技術文明論でも、野暮な機械技術批判でも、だからない。いまもうち続く近代世界のしくみ（ほほえみのファシズム／グローバル帝国権力）への抵抗哲学である。ハイデガーにとって戦後はない、戦争は終わってなどいなかった、というのはそのためである。

政治の話はどうしても熱くなり、アジ演説ぎみになる。クール・ダウンするために、話は前後するが、技術について、基本事項を確認しておこう。

カラクリマジック

機械や技術は、もともと、とてもおもしろい。ぼくは大好きだ。なぜかといえば、それがまるでマジックだからである。在りえないものが忽然と地上に現れる。予想もしなかった奇蹟が実現してしまう。金属の船が空を飛ぶ。七センチ四方の小箱が、どんな場所をもコンサートホールに変えてしまう。考えてみれば、こんな不思議なこともない。ほんとうにイリュージョンの手品のようだ。

「存在しなかったものや隠されていたものが露開すること」。感動さえよびよせるそんな魔法の手際。かつて**ポイエーシス**（制作・詩作）ともよばれたそれが、技術（テクネー）のもともとの意味である。技術の手だてなしには、隠れて埋もれ、未発・未発見なままに終わるだろうものが、技術を誘導路にして地上に誘い出され（Veranlassen）、露わに開示されてくる（Hervorbringen/Entbergen）ということである（TK. 10f.）。

つまり、技術は芸術と兄弟なのだ。石くれの中から、みごとな彫像を削り出す。薄っぺらな麻布の上に、華麗微細な絵巻模様をくりひろげる。そんな芸術創作同様のできごとの実現が、もともと技術なのである。イノベーションやクリエーションこそ、技術の真骨頂というわけだ。不思議でないはずがない。おもしろくないわけがない。

機械技術がおもしろいのは、だから〈役に立つ道具〉だからではない。効率とか利便性とか強力なパワーといった、道具主義的な発想や用語で語られるテクノロジー論を、だから残念に想う。まちがいではない。が、そんなコンテキスト（「世界性」）で機械技術や科学を論じ、かつ使用せざるをえなくなったこの時代を、不幸だと想う。たとえば電球が、弥生時代の卑弥呼の館を明るく照らしたら、そのとき電球はたんなる照明器具（役立つ道具）で終わらなかったはずだ。文字どおり、光明の神器だったかもしれない。

ハイデガーの技術論を理解するとき、まずは以上のことを忘れないようにしよう。

技術ではなく、近代のしくみが問われている

つまりハイデガーの批判対象は、技術や科学や機械ではないということである。そうした科学や技術が、現況のような道具連関（役立ちシステム）のなかで存在せざるをえないよう、いやでも強いてくる近代のしくみを念頭において、かれはテクノロジーを論じている。目をむけるべきなのはだから、機械とか技術といったモノ（存在者）ではない。それらがぼくたちの生活現場で使われるさい入りこんできて、たんなる効率手段やビジネス道具にしてしまう、目にはみえないまるで怪物のような「強制システム」（ゲシュテル）である。

前節でのべたように、このゲシュテルはニヒリズムの延長上にある。そのニヒリズムと関連させていえば、ゲシュテルとは、〈手段の目的化(逆に目的の手段化)を強制してくる時代構造〉。そういっていい。もっとひらたくいえば、すべてのものごとを〈有用・無用〉という尺度で判別させ、すべてをある目的のために存在するもの(用象 Bestand)とみなすよう強いてくる隠れた構造のことである。

そんな時代構造を根底からあばこうとする議論が、かれのテクノロジー論である。ではあるが、すでにのべたようにテクノロジーはそんなゲシュテルが端的に現れた一事例。怪物のような「強制システム」は、この近代社会のいたるところに潜在する。

機械だらけの工場ばかりではない。土地も、肥料も、水流も風致も、すべてがいっせいに、用象(役立つモノ)としてみごとに整序された農園も、すでにそうだ。〈人材〉を育てるなどという発想のもとで営まれる教育機関も、人間を素材や材料とみるのだから、その典型。つまりは、社会組織も、国家システムも、経済機構もすべて、この強制システムの管轄下におかれている、ということである(51-17 ほか)。

近代科学技術の特異性/技術の変質

ではそんなゲシュテルがなぜとりわけ、テクノロジーにおいて顕著にはたらくことになったのか。「科学技術なる新種のテクネー」(TK. 14)は、どう変種変則なのか。

テクノロジーは、「数学的・実験的物理学を自然力の開発や利用に応用すること」である。自然科学とはではなにか。「自然現象があらかじめ算定できるものだということを確証するような知識の探求」。そうハイデガーは大胆に総括する。おなじことであるが、「自然をあらかじめ算定できるような諸力の連関として立ち現れてくるよう駆りたてる」(TK. 21)、そんな知識スタイルが自然科学である。

当然そんな自然科学的視野では、「算定できるものだけが実在するものだ」とする存在観が支配的になる(TK. 21)。計算でき、数値化可能であり、だから確実に把握でき、反復可能だから制御も計画も予測もできるもの。その意味で、ぼくたちの生活世界に役立つもの(用象)として登場できるもの。それだけが存在するものであり、世界というわけだ。

そんな自然科学が大々的に浸潤してできあがるのが現代社会。そしてそんな社会環境に生まれ育ち生きるのが、ぼくたち現代人。いやでも、「自然は算定できる対象という性格において姿を現す」と想いなす傾向が、ぼくたちの認識機構のうちに培養されよう。だからまた、用象として物や人にかかわる生活傾向も助長されよう。ものは〈なにかのために在る〉とする他律的存在観も一段と強固になる。反復(=計算)不可能な、唯一一回性とか、固有性などは、生存の視野からカットされる。その結果、自然界や社会全体を一大ファクトリーや資材置き場のようにみる錯覚が、ごくあたりまえのことになる。

こんなテクノロジーは、だからもう昔のテクネー（露開術＝ポイエーシス）からは根本的に変質している。自然界や人間世界に分け入って、役立つもの（資源や資材や人材）を無理矢理に絞り出す、強奪のワザになりさがる。ゲシュテル装置になったということである。

たとえば昔ながらの手作業農法と機械農業。いずれも農産物を生産するのだから、それまで非在なものを露開する作業。その点でちがいはない。だが前者は、根本のところはすべて〈自然に任す〉。生殖や生育過程自体に人為が直接介入することはない。だが後者。農場ファクトリー方式では、〈自然に〉産出できないものを、こっちへでてこい（hervorbringen）といわんばかりに無理強いし、自然界から強奪してくる。自然の成長力にまかせない。生殖や生育のメカニズムに手を突っ込んで、自然システムを改変する。「農業はもう今日では食品工場である。空気は窒素を引き渡すよう引っ立てられ、大地は鉱石を、鉱石はたとえばウランを、ウランは原子力を引き渡すために引っ立てられる」（TK. 14）。

人間の客体化／技術の人間化

こうして、技術はもっぱら「道具」となる。道具となるというのは、技術が「自己制作的」になるということである。自己制作的とは、主観なる人間が、自己（心や精神）の客観化（似姿）として、ものを制作したり、使用するということである。

それはすでにヘーゲルの客観精神論が語っていること。つまり、機械を、主観（人間）が客観化したものとして制作するということである。たとえばクレーンは、関節の客観態であるし、飛行機は肩胛骨に羽のはえた巨大な空洞人間、コンピューターは脳髄の計算能力と情報収集力の客観化であるというように。人型ロボットなどはその典型といえよう。

人間の意志や機能が客体化したものが科学技術だということは、技術が、じつに人間くさいものになったということである。近代芸術が、作者なる人間の心理や願望の〈自己表現の手段〉と成り下がったようにである。そうなると、技術はもはや、ポイエーシス（露開・創出）としての世界発見・創造の術ではない。人間の意志や欲念の発露装置と化す。

技術が、いわば〈人間化〉するわけだ。かつての魔法の露開回路ではなく、ぼくたち人間の意志や観念や願望を色濃く反映させ、実生活の効率化や合理化や利便性に寄与する・役立つ・貢献する、まさに「便利な道具」になったということである。

用象化の前提としてのニヒリズム

便利な道具。べつにそれで結構じゃないか。ものごとを用象（役立つもの）としてみる。そこになんの問題があるのだ。便利で快適な生活がえられた。長年の人類の夢の実現だ。ならばいいじゃないか。そんな不満の声がとんできそうである。

だがそこには、〈存在〉にたいするどうしようもない根本変化が、入りこんだといわなければならない。そこが〈危険〉なのだ。本章のエピグラムにひいたマルクスの言葉をつかえば、所有の生活は確保できたが、それとひきかえに〈生〉を失ってしまったからだ。あるいは存在を見失ったからである。

どんなものの存在も、もともとそれぞれ固有のものである。モノもひともすべてが、唯一一回きりの単独性現象(第四章参照)。だが、用象化を当然とする存在観のもとでは、そんな固有性は問題ではない。それとは別のなにかのタメに役立つそのかぎりで、そのものごとを感じ、考え、関わることが重要になる。それはつまり、ものごとそれ自体の存在の〈自律的な価値・意味・根拠〉=固有性を無視したまま生きろ、というにひとしい。

前節でくわしくみたように、それは、いつかどこかの未来的目標(なにかのタメ)の側からひるがえってくるという仕方で、〈今ここ〉のものごとや生を他律的に意味づけたり、価値づけたりして生きる実存様式の要請、ないし促進である。技術の人間化とは、そんな実存様式がぼくたち現代人の自明な生存形式として蔓延した、ということにほかならない。

つまりここには、さきにみた深い構造ニヒリズムが、潜んでいる。存在の〈自律的で内在的な価値や根拠〉を忘失し、存在神秘に不覚のままであり、そのためものごとの存在それ自体が空虚(無意味・無目的・無根拠)と想われて怯え、それゆえにこそ、その無根拠な空虚さを――人為的に構築した――意味や価値で埋め合わせるために、あの〈新・神の国の構図〉にすりよっているわけだ。つまりこういうことである。

ニヒリズムゆえにバブルによわい

じつはテクノロジーに先だって、まずは究極根拠不在ゆえのニヒリズム状況がある。だが、それじゃ生きにくい。生の充足を求めるぼくたち人間の本性（力への意志。生存保持の努力）が、それに抗《あらが》う。不安におちいる。その存在不安ゆえのエアポケットに、ゲシュテル構造はじつに効果的にはたらく。ゲシュテルは、テクノロジーという現代人ごのみの科学的装いと勢いのなかで、「あらゆるものごとを、なにかのタメに用立てられ役立つものとして存在するよう、自動的に（強制的に・意図せず）しむけてくれる」からである。しかも科学的保証書つきの、じつに明るい希望の星（進歩思想）をかがやかせながら。

効果的どころか、もう構造ニヒリズムと区別がつかない。だからこそ、ものごとを用象化し世界を手段目的連関のなかで整序してくれるテクノロジーが求められているのであって、逆ではないということである。つまり、便利で快適な生活をしたくてゲシュテルにすりより、その結果、ニヒリズムにおちいったのではないということである。もっとあからさまにいえば、ゲシュテルは人類の夢の実現などではない。こうして生まれ生きて死ぬ。

そのぼくたちの存在そのことを肯定できない存在不安が、ひいては存在神秘の無覚状態（ニヒリズム）が、その代用品や逃げ口をもとめてゲシュテル体制にすりよっているだけだ。

そのあたりの事情は、ぼくたちが最近、まさに地球規模で感染した、あのＩＴ革命神話をお考えになればよくわかるはずだ。経済を再生し、家庭や職場や医療や教育など、あらゆる場で、産業革命に匹敵するバラ色の未来が開かれるはずだったあの「革命」。ｅコマースや国境なき情報交流が、経済や文化を活性化。それが、企業のみならず公共組織や家庭や個人の生産性を高め、創造性を広げ、雇用や新産業や新文化を創出。もって、半永久的な好況が続く、創造的生活が花開くというあのおとぎ話。だが結局、人間の手仕事が機械化されただけ。残ったのは、ＩＴ不況とＬＴ（労働技術）の空洞化とｅカルチャー廃墟。

これが、つい最近ぼくたちを煽り立てた、典型的なゲシュテル・ドラマの顚末だ。暗部のニヒリズムゆえ、科学技術的装いをした希望の星という名のバブルに、ぼくたちはこんなによわいのだ。

こうして、表面上は技術の人間化というヒューマニズムの背後に、用象化を強要する超絶構造（ゲシュテル）が、どっしり鎮座しえたのである。ゲシュテル（構造ニヒリズム）が、テクノロジーという強力な武器を手に入れ、ものごとを用象化する出店として人間を使役しはじめた。あるいは、その忠実な手先として働く近代人（「技術化した動物」65-98）を訓育しえたことで、テクノロジーなるすばらしい媒体（仲介衣装）を手にいれ、だからこうまでその支配圏を地上全体に拡大できるようになった。そういいかえてもいいだろう。

5　近さを生きる技法

直接革命の断念

以上が、惑星帝国のあらましである。これがいま、ぼくたちがあたりまえのように生きている現代世界の深層である。存在神秘なぞあっさり忘却し、あの遠くを見る視線が、ごく当然の生活習慣病となった現代劇の舞台ウラである。

では、どう演じて生きたらいいというのか。もともとそれがこの章の課題でもあった。しかしもう、革命の道はとれない。それは失敗した。失敗する。反体制の革命劇が成功しても、またぞろ、新体制という名の演劇体制が、できあがるだけだから（永久革命はべつ）。シナリオや演題や大道具・小道具を変えることができても、舞台構造そのもの（ゲシュテル／構造ニヒリズム）を変えることなどできないからだ。だから、すくなくともハイデガーは、世直し（政治）の道に、もう期待はしない。

もちろんかれも、事の重大さは心得ている。「ぼくにとって今日決定的な問題は、いかにしたら、この現代技術の世界に対し〔それを制することができるような〕、なにか（そしてどんな）政治システムのようなものが並び立つことができるのかということです」（16-668）。さきにひいたマルクスの言葉をつかえば、ゲシュテルによる「生の疎外状況」を解消し、「所有」ではなく「存在をする」こと、つまり「生を生として生きること」がもっぱらとなるような政治システムは、いかにして実現するのか。そんな問題をはっきりたて、ハイデガーなりに、真剣に模索はしている。だがそのうえで、あきらめていう。

「現代の世界状況の直接的変革――そういうことが人間に可能だとしてのはなしですが――、そんな直接的変革へいたる道は、ぼくにはわかりません」（16-676）

では、どうしようというのか。

イエスでもなくノーともいわず（放下）

ハイデガーの答えは、いたって簡単だ。むしろそっけない。

どうしようもない。どうか〈しよう〉なんてことがすでに人為。意志の立場。イカガワシイ。だから〈待つ〉。待ちながら、ひたすらゲシュテルという時代構造（同時に構造ニヒリズム）に、眼をひらいていたら、それでいい。そうあっさりいう。

だから、テクノロジー帝国に抵抗するとか、ニヒリズムを乗りこえるだとか、そんな熱いこともいわない。ゲシュテルが魅了したり荒れ狂う、そのなすがまま、あるがままを、目覚めてみつめていたら、それでよろしい。おおむねそんなことをいう。

この、「イエスともいわずノーともいわず目覚めつづける」態度。それが、いうところの**放下**（Gelassenheit＝Let it be 在るがままなすがままに）である（GL. 22）。

ノーといわないのは、現代劇のなかでは科学技術の使用は避けられない、という実際的な理由もある。が、それより、そもそもゲシュテルは超絶構造（見えざる手）だからである。つまり、「人間が自力で制することのできないもの」（16-669）だからだ。

言葉の語り方や発音の仕方なら人為で左右できる。だが言語構造に抗うとか、それを否定するということは、滑稽であろう。深層心理の構造をべつの構造と取り替えるということも、奇妙だ。それと同様、ゲシュテルもまた、そもそもそれに抵抗したり操作をくわえたり撤去できる人為構造ではない（どうにかできると思いこんだあのナチズム体験がここにも顔だす）。だからゲシュテルに抗う道はとらない。「テクノロジーの世界に反抗して盲目的に突っ走ることは愚かなことです。それを悪魔の仕業として呪おうとすることは近視眼的なのです」（GL. 22）。じつに老獪なことを平気でいいさえする。ゲシュテルは、原爆より、第三次世界大戦より、危険で恐ろしいとみぬいているくせにである（GL. 24）。

だがもちろん、イエスともいわない。なぜなら、そんな放下（ノーともイエスともいわぬ姿勢）

のなかで、危機(ゲシュテル)を危機として見つめて生きていれば、「救い」も生い育つから。エーッ、そりゃーないぜとぼくなど想うのだが、さらに追いうちをかけるように、「秘密にひらかれた開け」のなかに、「まったく別の仕方で世界のなかに滞在する可能性」があたえられるだろう、なんてそれこそ秘密めかした言葉を、つぎつぎはきだす(GL. 24f.)。「人間は詩人のように地上に住む」といった、あのよくしられた一連の後期ご神託が登場するのも、おおむね、こんな文脈のなかからである。

べつにこの本は、ハイデガーの紹介書ではないから、そのマルチプル・アウトな言葉にいちいちつきあうつもりはないのだが、ちょっと気になる。意外とたしかなことを言っているのではないか。そんな予感もする。そのあたり、もうすこしこだわってみよう。

最後はエルアイクニスなのだから

いま問われているのは、じつはハイデガー自身がナチ参画以後、さんざん苦しんだ問題。それは、ユートピア思想の挫折をふまえたうえで、いかにしてゲシュテル(ニヒリズム)においちいらない世界が可能なのかという問題だ。

かつてハイデガーもまた、ユートピアを夢見た。それは「存在の都」。存在神秘にだれもがめざめて生きる世界。だれもが「存在をする」世界。だから在ることの凄さ(存在神秘)

を基軸に、ものを感じ考え生きる「根源的共同体」(39-8, 72)。それを、この世界劇場のなかに樹立しようとした。存在神秘をすべての基軸とすれば、生や世界にまつわるあらゆる難題が解消する。生き死にの問題ばかりではない。圧政もなく、服従や支配も消え、制裁や道徳も無用な世界が訪れる。そう想われたからだ。

だが、存在神秘に気づくできごとそのことを、社会規模で、人為の力(自力)でひきおこすわけにはいかない。実際、ハイデガー個人の場合ですらそうだったはずだ。それはある日突然、まるで落雷のように来襲したできごと。第一章3節でくわしくのべたとおりだ。この「存在の襲撃」のできごとが、よくしられたエルアイクニスである*。

「存在の襲撃だけが、現存在をそれ自身へもたらす。……エルアイクニスに《よって》、現存在は自己となる」(65-407)。そんなエルアイクニスが、ハイデガーをして実存変容させ、存在神秘にめざめさせることになった。その結果、この世の光景も、生のありさまも、一変した。突然、恋に落ち、身も世も変貌するように。

そんな突然の「存在の襲撃」(エルアイクニス)を、社会規模で人為的にたくらんで、ひきおこそうとしても、それは無理な注文。おぞましい集団結婚を強要するようなもの。なのにそんなことをやろうとした。それが「生涯最大の愚行」、つまりナチズム参画だった。だとすればまずいえること。それは、エルアイクニスを待つというだろう。エルアイクニスがすべてのアルファでありオメガなのだから。「エルアイクニスだけが、取引と人為操作の中へ喪失しているぼくたちを、救いだすことができる」(65-57。それがわかって、ハイデガーはノイローゼから快癒したという)。待機とか放下をいいだした、それが根本理由である。

＊ エルアイクニスについても、難解で秘密めかした諸解釈が入り乱れている。が、そんな深遠なことではない。落雷のように存在神秘に撃たれる体験のできごと。「存在の閃光」とか、「存在の雷雨」ともいう。どなたにも起こるし、第四章全体で示したようにロジカルにきっちり追認もできる。

待つだけでいいとはいわない

もちろん、待って放下するだけでいいわけがない。個人レベルでも、存在神秘に突然めざめるエルアイクニスに先だって、それなりの人為自力の葛藤や、努力や、痛苦のさまよいの日々が、必要。人間のがわの変容トレーニング(準備体操)も、かかせない。

医療とそれは一緒だ。自然治癒力なしに、医療はなりたたない。薬も手術も、自然治癒力あってのこと。が、その自然治癒力をさそいだすためには、人為の医療行為が必要。自然治癒力をさそいだし露開するポイエーシス(技芸)こそ、もともと医術である。

それと同様に、ぼくたち現存在のがわの、人為的な働きかけや、問いかけるさまよいは不可欠。「存在は人間を必要としている」と、くりかえしいわれるのもそのためである。

だが、だとしても、存在神秘を実感するできごと(エルアイクニス)は、突然の思いもかけない来襲。ある日突然恋に落ちるように、それは自力をこえたなにか他力的なできごと。自分個人の場合すらそうであるエルアイクニスを、社会や国家レベルで人為的にひきおこし、存在の都を地上に実現しようなんて、だから無理な話なのだ。政治や社会が悪いというのではない。そうではなく、それがどんなに気高い国家建設のいとなみであれ、人為(この人為批判が『哲学への寄与』全編を埋め尽くす。よほどくやしかったのだろう)。存在神秘、ましてや存在の都の建設は、そんな人間主導の行為でおきはしない。なのに世直し運動(政治)に〈夢見た〉結果が、「愚行」をおかすはめにつながった。

気鋭のハイデガー研究者F・ムルシャダも鋭く指摘するように(『行動の時と変容の可能性』)、ハイデガー的革命は、カイロス時制(垂直時間軸上の瞬間時制)のできごと。なのにハイデガーは、クロノス時制(直線時間)上で実現できる国家革命とか社会システム変換と、とりちがえてしまった。ようするに、哲学が、政治を変えたり基礎づけて、新国家建築に寄与できると思いこんだ(まるでプラトンのように)。そこに、根本錯誤があるということである。

それはけっして、哲学をおとしめているのではない。まったく逆。哲学は、もっと根底的な革命をめざす、という意味である(40-12も参照)。

だが、だとすれば、なぜ放下なのか。どうして、ゲシュテルにめざめつづけるだけでいいなどと、いうのだろうか。

もちろんその〈先〉があるからだ。救いようがないと、心底から諦めたそのとき。おそらくそのとき突然、落雷のように思いもかけないなにか救済のようなものが……。否定性をまるごと受容したとたん、べつの光沢をおびてしまう奇妙な反転劇の進行が……。だが、それはいわぬが花。黙し、秘密(Geheimnis)にとめおく。とめおくが、しかし反転がおこるそのことをそっと胸にしまいこんでいるから、ゲシュテル現代劇に「イエスともいわず目覚めつづける」放下の態度。それが、じょじょにひろがっていけば。そして地球規模で、それがあたりまえになる日がくれば、〈間接的〉には……。

いろいろと疑問も不満もおありかもしれないが、すくなくともそんな放下の姿勢が、失敗をかさね、熟慮のはてにたどりついた、ハイデガーの最終解答だった。

そのうえでやはり気になる。ゲシュテルという危機ゆえ生い育つという救いの機微。もう少しだけ詮索したくなる。それは、たとえば台風に対するような態度ではないのか。

世界転覆のあたらしいシミュレーション

台風がくると、なぜかドキドキする。まるで祭りの日のような躍動感に、みまわれてしまう。不謹慎な言い方なのはわかっている。だが、どなたもそうではないか。とほうもなく大きいなにか宇宙自然のオリジナルのようなものが、ニョッきり顔だしてくる気分。そういった方がよいだろうか。

もちろん台風は、たかだか大気の攪乱現象。だが、日常の平穏な生活軌道が一時停止になる。見なれた地上の光景が激変する。荒れ狂う海面。大騒ぎの森の緑。戒厳令下のように静まりかえる都市。なのに街灯や自動車がひっくりかえる。街は騒乱状態である。それは一種の革命（世界転覆）の疑似体験、あるいはこの世の生まれ変わりのシミュレーション。

混乱にふりまわされるそんな人間世界の台風劇をながめ、それに翻弄されていると、いつのまにか、つつましいこの人生劇を超然とこえた、なにかおおきなものの存在を感じはじめる。台風というそれ自体はいまわしい災禍を触媒に、それまで忘れていた、この世界や宇宙の本体のようなもののしずかな息吹き（「静寂のひびき」）を、感じてしまうのである。そのことが、こんなにも台風の到来を待望させるのかもしれない。おなじことは、あたり一面の銀世界の朝にも、雷が落ちる瞬間にも、ひりひりと天地が乾く旱魃のさなかにもおきる。不謹慎であることはわかっているのだが、まずはそういっておこう。

さてゲシュテルもまたこんな台風のようなものだ。それは、ぼくたちの世界劇場を貫通し、翻弄し騒乱状態をひきおこしている現代の禍悪。だが、台風に直撃され翻弄されているうちに、ふだんは気づかない大気宇宙の存在に通底していくように、ゲシュテルをゲシュテルとしてひきうけ放下していると、愛らしい人間世界をつつみこむ宇宙大の自然の生起（ハイデガーはピュシスという。もとより存在や時の生起とべつのことではない）が、そっと感じられてくるはずだ。ゲシュテルを「別の思考への貫通道路」（15-366）というのもそのためだ。

たとえばレスリングも相手あってのこと。ゲシュテルというレスラーをみつめていれば、いやでも、ゲシュテルが組みしき、制し、その発露を禁じているとうの相手も見えてしまう。目前で荒れ狂う台風（ゲシュテル）を糸口にして、その相手なる宇宙自然（ピュシス）がつねにすでにどこにでも——ゲシュテルに組みしかれその発現を抑止されるという欠如態でではあるが——、生起しつづけていることに気づいてしまう。

つまり「不在ゆえの現前」のロジック（本書七七頁参照）。だからこそハイデガーは、放下をいう。ゲシュテルを冷徹にみつめるそのことが、「エルアイクニスの機縁になり、存在の真実（存在神秘）が明るみの場にでる可能性」（13-153）となるからだ。

しかも今度は、たんに個人レベルのことではない。ゲシュテルはまさに惑星規模での台風だから、その相手なるピュシス（存在）への覚醒は、惑星規模でおきる。人類規模でのエルアイクニスが、おきるかもしれない。だからこそそのゲシュテルの凝視である。

「救いは、ぼくたちがあらかじめ危険を全体において見てとるところで——つまり危うくするものの威力（ゲシュテル／構造ニヒリズム）をことさら経験し、それをそのように現

に在るものとして承認するところで――、はじめてさずけられる」(13-157)

なにより間近な近さのことだ

しかもそれは、いつかどこか遠くのはなしではないはずだ。存在とはいまここのどこででものことだから。比喩をふくらませていえば、台風もまた大気のなりたるかたち。青空が凝縮し見えるかたちとなったもの。台風とは、じつはピュシス(宇宙自然・存在生起)が、暴風雨という気象学的なかたちをとっただけにすぎない。

激しかった暴風雨も、いずれやむ。すっかりもとの夏空。台風は消える。消えはするが、もともとそれは大気の変様態。目の前の、まさに身近なこの空気の一時現象が、台風にほかならない。

そうだと気づくとき、ゲシュテルという特異な形態をとりながら出現していたそれ自体(ピュシス=存在)は、じつは今ここに、まさに辺り一面の「近さ」となって、いつどこにも生起していることが実感される。ゲシュテル台風をみつめることをつうじ、じつはゲシュテルもその変様態にほかならないピュシスに撃たれるチャンスが、あたえられているわけだ。ゲシュテルはだから、「エルアイクニスの先行形態」(ZD. 57)といわれるのである。存在がその凄さを気づかれぬという事態(存在忘却=ニヒリズム)ゆえ、一時的(たかだかまだ数百年）にひきおこされた効果が、ゲシュテルというわけだ。

だとすると、ぼくたちもまた、それぞれの生活の現場で、ゲシュテル台風に全身をさらしながら同時に、〈遠く〉に視線をとられることなく、ゲシュテルの向こうにたえず脱去している近さ（存在・ピュシス）を探りうつ作業を、はじめなければなるまい＊。

それはしかし一体、どういう居住まい方になるのだろう。そもそもそんなことができるのか。できるとしても、それなりの技法（テクネー）が必要だろう。

今ここという近さを近さとして生きる技法。それは一体どういうことだろうか。

それが、これからのぼくたちにつきつけられている課題ということになろう。

＊ その試みはすでにはじまっている。たとえば太田省吾の沈黙劇。世界劇場のこの世の中に、まさに劇中劇のようにして、存在が主演を演じる舞台空間を樹立した。たとえば『水の駅―3』。舞台中央に本物の水が垂直に落ちる。それは垂直時間そのもの。だから一瞬刹那の存在の化身。その水をめぐって、役柄やストーリーといった演劇の約束事を剝落させた人間たちが、ゆったりと現れ、消える。どうこの世で演じて生きたらいいかを、まさに舞台劇にしてボーンと投げ出してくれた。その他、存在がそのまま写実の形をとった野田弘志の絵画がある。ペルトの音楽がある。ＡＴ（適正技術）とネイティブ・アメリカンの文化を早くから学び、屋久島で独自の「地球生活」術を実践する星川淳もいる。地上のあちこちで、近さを探り護りうつ、孤独な叛乱がすでにはじまっている。

エピローグ——最期の光景

野の道

野の道の謎

よくしられた、ハイデガー晩年の小文がある。『野の道』(全集一三巻収録)。

のどかな田園の少年期へのノスタルジーがつづられた、珠玉の文章。美しい故郷メスキルヒの風物詩。いかにもそのようにみえる。

だがここには、二つの謎が目だたぬよう書きこまれている。ひとつは、蝶番。もうひとつは、道が曲がっていること。

この謎を解きあかしながら、これまでぼくたちがたどってきた〈道〉の全体を、ふりかえることにしよう。前章で問いのこした問題(近さを生きる技法)に、すこしは答えることになるかもしれない。

「野の道」は一本道。故郷メスキルヒ城館前のホーフガルテン門からはじまる。ごらんのとおり、ひろびろとした牧場と麦畑のなかを通りぬけ、なだらかな丘を越え、はるか遠くの森のかなたへ、まずはまっすぐのびている。

途中、ポツンと十字架が立っている。そこから道は、森の中へ折れて続く。

森のほぼ中央に無骨なベンチがある。このベンチに腰をおろし、ハイデガーは読書に耽ったという。大思想家たちの「書物の謎」の解決をこころみたが、謎はますます深まり交錯し、「逃れ出る道」が現れなかった。が、結局いつもその野の道が「助けてくれた」。そうしている。なぜ、どのように助けてくれたのか。それははっきり書かれていない。ただ、野の道が「身近」(nahe) にあることが、強調されるばかりだ。

さて森をぬけ、最後の丘を越えていく。するといつのまにか、メスキルヒの町の外壁ぞいに歩いてしまっており、ふたたび城館がみえてくる。そしてやがて、出発したはずの同

正面つきあたりにホーフガルテン門

じホーフガルテン門へ、たどり着いてしまう。

蝶番と永遠への門

出発のとき、門は出口であった。その出口が最後は入口となる。いったん、はるかかなたへ離れ去ったつもりの歩みは、ひと回りして、もとの居場所へ戻るしかけになっている。向こうへ往っているつもりが、じつはこっちへ帰って来ている。そんな逆説構造を、野の道そのものがもっているわけだ。「蝶番」とは、この逆説構造を表す。

それはいうまでもなく、時の構造。第三章、第四章でのべた、あの念々起滅する一瞬刹那の構造だ。だから存在のことでもある。つまり野の道そのものに、時が、そしてほかならぬ存在が、託されているわけだ。野の道を、「身近」なことだと強調した理由でもある。そのことがわかると、いかにも牧歌的な音色を奏でる『野の道』の、あちらこちらにはめこまれた謎めいた文章の秘密も、氷解しはじめる。

たとえば、「オークの木の生長とは、天の広さへ開かれると同時に、大地の闇の中へ根を降ろすこと」という文章。あるいはこんな言葉。「小道のうえで、冬の風と収穫の日が出会う。早春の生き生きとした興奮と、秋の沈静な死滅が落ちあう。若者の遊びと老人の知恵がたがいに目をあわす。だがすべては一つに響きあう」。つづけていう。「蝶番のなかで永遠へいたる門の扉は回転する」。

天空への上昇が同時に大地の闇への下降。秋と春との同行。老いと若さとの行き交い。そんな、背反しあう二項が同時進行する逆説構造（蝶番）のなかに、樹木や季節や人生はリアルに在るということである。そしてその反対項どうしが同時進行する一瞬刹那こそ、永遠（存在神秘）をかいま見る門。つまり、永遠の瞬間として、刻一刻の時が刻まれ、存在が生起する。まずはそんな、存在神秘論の中心思想が、語りだされているわけだ。

くりかえすが、そんな一瞬刹那の存在神秘にでくわすできごとがエルアイクニスだった。〈近さ〉を生きるとは、そんなエルアイクニスがひきおこされるよう生きることである。

ブルーバードの秘儀

だがそれだけだろうか。

出発地点は到達地点。往くことは戻ること。野の道がしめす、このいわばブーメラン構造にはさらに、西洋形而上学の歴史も語りだされていよう。

天空かなたに永遠の生を幻視する信仰（キリスト教）。はるか遠くの希望の星を夢みる視線（近代）。そんな遠くをみる視線（西洋の形而上学＝構造ニヒリズム）が、挫折と屈折を経験することで、こちらがわ、出発点なる〈近さ〉の世界へもどってくる。つまりはいまここの、地上世界の瞬間刹那の永遠の時へ、還ってくる。そんな「帰郷」の秘儀を、あるいはおなじことだが、青い鳥の秘密を、語っていないだろうか。

それは同時に、ハイデガー自身の生涯の軌跡でもあったろう。将来の神父職を夢見る神学青年として、彼岸のかなたへ大きく視線を飛ばしたハイデガー。すぐに野辺に立つ十字架は後にしたが、ゲルマンの深い森で、軍靴の雄叫びとともに深みにはまる。道のかなたに希望の星が輝いて、「存在の都」を不覚にも夢みた。

だが、野の道(存在)が助けてくれた。道は大きく曲がって、いつのまにかこちら、身近ないまここの近さの世界へ帰してくれていた。「存在は最も近きこと……人は最も近きことを見誤って、それとくらべればはるか遠いものに身を託す」(9-331f.)。ブルーバードは、ホーフガルテン門前の木立のなかを、じつは最初から飛んでいたというわけだ。大きく迷い、遠くへ往くものだけが、近さなる故郷へ戻ってくるということだろうか。

この戻るということ。往くから戻るという逆説運動。あるいはもっと端的に、遙かかなたの〈向こう側〉から、こちらこの世この生という、近さの場所へ還ってくる視線。つまりは他界からの視線。それこそが、「近さ」なる存在をそれとして生きるための技法だと、『野の道』は、そしてハイデガーの〈道〉は、ぼくたちに語りかけてはいないだろうか。

それはもはや、かつての「死への先駆」とは微妙にちがう。死を先取りし、毎瞬間をあ

ハイデガーの墓石

たかも最期の時でもあるかのようにして刻む姿勢というにとどまらない。むしろもうほとんど死者ででもあるかのようにして、死の側から、この世を生きる姿勢。「死は近さをもたらす」(13-183)。だから「死者の眼」(US.68)のようにと、晩年にはクールに言い放つ。

　そんな「近さを生きる技法」を実感するため、ハイデガーのお墓に寄り道してみよう。

一つの星とはどこなのか

　野の道とおなじメスキルヒ郊外にある、かれの墓。この墓標がちょっとかわっている。

　八つの尖端のある星マークがはめこまれているからだ(写真参照)。ふつう十字架だろう。紋章学の知識がとぼしいため自信はないが、しかしこんな星マークは尋常ではない。ユダヤの六星印(ダビデの星)ではない。八角星。いかにもきらっと夜空にひかる星のようだ。

　いったいなんのつもりだろう。これもずーっと謎であった。だがある日、かれの後期作品を読んでいて、なんとなく理由をうかがわせる文章にであった。

「かつてと同様にいまもなお、一つの星のようにこの世の空にとどまりつづける想いに、

こころを集中することが、思索というものだ」(13-76)

「存在の光」(存在神秘)を星の輝きになぞらえ、そんな「一つの星に向かって」。そう、みずからの哲学の課題と姿勢を語ったあとにつづく文章である。ただこの場合、視線はこの世のはるか高みに輝く星にむけられたままだ。他界への視線でしかない。

おなじ晩年の書物に、こんな文章もある(『四つのゼミナール』七二頁)。

「だれひとりそれを見ていなくとも、星の輝きがそれによって減じることはない」

もともとアリストテレスの言葉(『形而上学』Z. 1041a)。あわただしいゲシュテル現代の生活。星をみつめるひともほとんどいなくなった。みつめようとしても、スモッグにかすむ夜空に輝くのはネオンサインばかり。でも人間が忘れていようといまいと、星の輝き(存在の光)はいつもある。存在の光(存在神秘)が減じることはない。

おおむねそんなことが語られている。

だとすれば、一つの星とは「存在」。ふりあおいで見る、遠くの星ではないはずだ。

星の文書

そんなおり、ビートルズの歌(「フール・オン・ザ・ヒル」)が聞こえてきた。

丘の上の愚者が見つめているのは、地球の存在。オープンマインド(Da-sein)で、そんな地球という星をみつめるとき、ここそ天国と理解もできよう。そんな歌である。

ハイデガーのいう星もまた地球のことだろう。ぼくたちが住む「近く」なるこの星だ。だとすれば、墓標の星はどういうことになるのか。

墓にねむるのはハイデガー。その死者なるかれ自身からみたこの世の光景。そう想定しても、もうそんなに無理はないだろう。いわば向こう、はるか遠くの彼方（他界・異郷）から、こちら近さなる地球という星を覗き見るような、それは視線である。つまり「他界からの視線」。彼岸へ向かう視線が、「蝶番」を基軸に一八〇度くるっと反転し、こちらこの世この生をみつめる視線へ変容してくる。そんな風にいってもよいだろう。

そう思ってあれこれ調べてみると、まさにそのものの文章にぶつかって驚いた。

「〔月のような彼方から〕この世という家に立ち寄り、しかもなお、この世の客人ではないかのようにして、この世の客人として在るような、家の友のあり方」（13-143）

「故郷を詩作すること――言葉によって故郷の本質〔この世この生の存在〕を光ることへ高めること。目だたないもの（存在）を輝きへともたらすこと。……

だが、その目だたないものが輝き、まなざしにとどくのは、ぼくたちが目だたないものから後退し、それから十分に遠くにあるときだけである。故郷の本質は、異郷においてはじめて光ることへ到達する」（13-123）

「夜の、星をちりばめた池。つまり地の上なる天空を、渡りゆくことによって、たましい〔プシューケー＝現存在〕は、地上を地上として経験する」(US. 49)

ここには、存在覚醒者（現‐存在）自身は、生存圏（地上・故郷）内部に埋没していないこと。月のようにこの世の生存圏の《外》(遠く)に脱けながら、しかも月光となって《内》(近さ)に帰還し現れ出ていること。つまり、死にながら生きている（生きながら死んでいる）ありよう。そんなことが、告示されていないだろうか。

エイリアン感覚に生きたみずからのこの世での位置をうかがわせていて、興味も深い。と同時に、そのような心持ちでこの世の世界劇場に居ずまうとき、存在という「近さ」そのことの輝き（存在神秘）を経験する。そんな「近さ」を生きる心術が告知されているように、想われてならない。

だとすれば、前章で問い残した問題。近さを近さとして生きる技法ということも、おおよそ見当もついてくる。ハイデガー自身も強調した、アート（技芸・ポイエーシス）ということが大きな比重をもってくるだろうという予測もつくが、その詳細を語ることは、つぎのぼくの宿題である。いまはつたないエッセイをかかげることで、後への捨て石としたい。

＊　＊　＊　＊　＊

地上遠望

ぱっとしないふだんの生活からぬけだし、生き生きと輝く別世界へ飛びだせたら、どんなにステキだろう。そう、どなたも思ったおぼえはおありのはずだ。だからブラッと旅にでる。清澄な音楽に身をひたす。ファンタジー小説にあそぶ。あやしげなクスリに手をだす。飲む。打つ。かう。くそマジメな宗教行に没頭する。みなそんな転身願望をかなえる魔法のトンネルである。

けれど、みなれたこの地上の光景がじつはそのまま、とんでもない不思議がはじけとぶワンダー・ランドだとしたら、どうだろう。もしそうであれば、わざわざどこか異国へ出かけたり、魔法のしかけに身をゆだねる必要もないことになる。かじかんだ意識の負荷をほどき、故郷なる近さの〈今ここ〉へ、視線をひるがえすだけでいい。

たとえば、漆黒の宇宙空間を思っていただきたい。太陽級の星がゴロゴロしているはずなのに、宇宙全体は、はてしなく暗く巨大な夜である。そのボイドな闇空間を背景に沈めて想えば、こうしてあたりまえのように陽がさし、光にみちた地上の風景が、どんなにあたりまえでないか、驚かされはしないだろうか。

べつに陽の光だけにかぎった話ではないだろう。路傍のペンペン草。隣人の笑みや怒り。駅の雑踏。つましいいつもの食卓。そんなありふれた地上の光景の一つひとつがすべて、気の遠くなるほど広大な宇宙の孤独の闇夜から見返してみるとき、どんなに奇蹟的なできごとが息吹く瞬間、瞬間のつらなりだろうと、痛感されてこないだろうか。

そのことに気づかず、あるいは気づかぬよう、なにかにせきたてられて、ぼくたちは生きて、死ぬつもりだろうか。

ならばいっそ、ご自分が死ぬときの、その地上の光景を想いうかべられたらいかがだろう。死に逝く者の眼が最期にみている光景。生者として見なれたおなじこの世界が、まるで異なった景色をつむぎだすことは、想像にかたくないはずだ。

むろんおもてむき、なにか特別なことがおきたり、異常な風景が登場するわけではない。空は青、山は緑のままだ。だが、とりとめもないそんな日常の風景が、あるいはいつもの地上のものごとや熟知の家族や友人たちが、まるではじめて出会ったものでもあるかのように、ジーンとこころに迫ってくる場面を、想いうかべることができるはずだ。おそらくそれは、言葉にするのもはばかられるほど、深いひかりをたたえた瞬間ではないだろうか。

もし、死に近き者こそ生に近き者という逆説が真実なら、そのラスト・シーンにはじけ飛ぶ清冽なひかりこそ、この世のほんとうの感触（真実在＝リアリティ）かもしれない。〈死〉を濾過して目撃される、そんなこの世の存在の静謐なひかり。それが、存在神秘。だから存在神秘とは、いわば《死者の眼》がみている地上の光景ということになるだろう。

あるいは、最期にぼくたちが見とどける、地上のありとしあるものの「存在の感触」、ふだんは気づかれないモノゴトの「みえたるひかり」（芭蕉）。そう解釈できるのではないか。

もしそのことにまちがいなければ、ハイデガー哲学とは、そんな「死者の眼」を経由した、この世の再生、あるいは自己の蘇生のいとなみということになるだろう。

つまり、どなたもの、いまここの生や世界の存在そのこと（近さ）が至高。娑婆がそのまま寂光土。それをぼくたちは、この本全体で確認したことになる。それは、まるで在地球宇宙人のようにして、この世に住まえということかもしれない。

ならば着地完了。そろそろ、自分の足で歩いていかなければならない時がきたようだ。

＊　＊　＊　＊　＊

最後に。いつも〈待つ〉姿勢の豪胆さで、この本の誕生をみまもりつづけてくださった、講談社の上田哲之さん。悶絶しながらの台風だったぼくも、やっと出口にたどりついたようです。生活を停滞させ、宇宙が励起するさまに目を奪われつづけていたら、それでいいわけですね。つまりこの本の入り口が出口。長い間、イエスともノーともいわず、静かに放下してくださったこと。深謝します。またごいっしょに、地球をあちこち歩きましょう。

講談社現代新書　1600

ハイデガー＝存在神秘《そんざいしんぴ》の哲学《てつがく》

二〇〇二年三月二〇日第一刷発行　二〇一五年三月四日第一三刷発行

著　者　古東哲明《ことうてつあき》

発行者　篠木和久
発行所　株式会社講談社
東京都文京区音羽二丁目一二―二一　郵便番号一一二―八〇〇一
電　話　〇三―五三九五―三五二一　編集（現代新書）
〇三―五三九五―五八一七　販売
〇三―五三九五―三六一五　業務
カバー・表紙デザイン　中島英樹
印刷所　株式会社ＫＰＳプロダクツ
製本所　株式会社ＫＰＳプロダクツ
定価はカバーに表示してあります　Printed in Japan

N.D.C.100　284p　18cm
ISBN4-06-149600-X

「講談社現代新書」の刊行にあたって

教養は万人が身をもって養い創造すべきものであって、一部の専門家の占有物として、ただ一方的に人々の手もとに配布され伝達されうるものではありません。

しかし、不幸にしてわが国の現状では、教養の重要な養いとなるべき書物は、ほとんど講壇からの天下りや単なる解説に終始し、知識技術を真剣に希求する青少年・学生・一般民衆の根本的な疑問や興味は、けっして十分に答えられ、解きほぐされ、手引きされることがありません。万人の内奥から発した真正の教養への芽ばえが、こうして放置され、むなしく滅びさる運命にゆだねられているのです。

このことは、中・高校だけで教育をおわる人々の成長をはばんでいるだけでなく、大学に進んだり、インテリと目されたりする人々の精神力の健康さえもむしばみ、わが国の文化の実質をまことに脆弱なものにしています。単なる博識以上の根強い思索力・判断力、および確かな技術にささえられた教養を必要とする日本の将来にとって、これは真剣に憂慮されなければならない事態であるといわなければなりません。

わたしたちの「講談社現代新書」は、この事態の克服を意図して計画されたものです。これによってわたしたちは、講壇からの天下りでもなく、単なる解説書でもない、もっぱら万人の魂に生ずる初発的かつ根本的な問題をとらえ、掘り起こし、手引きし、しかも最新の知識への展望を万人に確立させる書物を、新しく世の中に送り出したいと念願しています。

わたしたちは、創業以来民衆を対象とする啓蒙の仕事に専心してきた講談社にとって、これこそもっともふさわしい課題であり、伝統ある出版社としての義務でもあると考えているのです。

一九六四年四月　**野間省一**

哲学・思想Ⅰ

66 哲学のすすめ――岩崎武雄
159 弁証法はどういう科学か 三浦つとむ
501 ニーチェとの対話――西尾幹二
871 言葉と無意識――丸山圭三郎
898 はじめての構造主義 橋爪大三郎
916 哲学入門一歩前――廣松渉
921 現代思想を読む事典 今村仁司 編
977 哲学の歴史――新田義弘
989 ミシェル・フーコー 内田隆三
1001 今こそマルクスを読み返す 廣松渉
1286 哲学の謎――野矢茂樹
1293 「時間」を哲学する――中島義道
1315 じぶん・この不思議な存在―鷲田清一
1357 新しいヘーゲル――長谷川宏
1383 カントの人間学――中島義道
1401 これがニーチェだ――永井均
1420 無限論の教室――野矢茂樹
1466 ゲーデルの哲学――高橋昌一郎
1575 動物化するポストモダン 東浩紀
1582 ロボットの心――柴田正良
1600 ハイデガー=存在神秘の哲学――古東哲明
1635 これが現象学だ――谷徹
1638 時間は実在するか 入不二基義
1675 ウィトゲンシュタインはこう考えた 鬼界彰夫
1783 スピノザの世界――上野修
1839 読む哲学事典――田島正樹
1948 理性の限界――高橋昌一郎
1957 リアルのゆくえ――大塚英志 東浩紀
1996 今こそアーレントを読み直す――仲正昌樹
2004 はじめての言語ゲーム――橋爪大三郎
2048 知性の限界――高橋昌一郎
2050 超解読！ はじめてのヘーゲル『精神現象学』 竹田青嗣 西研
2084 はじめての政治哲学 小川仁志
2099 超解読！ はじめてのカント『純粋理性批判』 竹田青嗣
2153 感性の限界――高橋昌一郎
2169 超解読！ はじめてのフッサール『現象学の理念』――竹田青嗣
2185 死別の悲しみに向き合う――坂口幸弘
2279 マックス・ウェーバーを読む――仲正昌樹

日本語・日本文化

105 タテ社会の人間関係 中根千枝

293 日本人の意識構造――会田雄次

444 出雲神話――松前健

1193 漢字の字源――阿辻哲次

1200 外国語としての日本語――佐々木瑞枝

1239 武士道とエロス――氏家幹人

1262 「世間」とは何か――阿部謹也

1432 江戸の性風俗――氏家幹人

1448 日本人のしつけは衰退したか――広田照幸

1738 大人のための文章教室 清水義範

1943 なぜ日本人は学ばなくなったのか――齋藤孝

1960 女装と日本人――三橋順子

2006 「空気」と「世間」――鴻上尚史

2013 日本語という外国語 荒川洋平

2067 日本料理の贅沢――神田裕行

2092 新書 沖縄読本――下川裕治 仲村清司 著・編

2127 ラーメンと愛国――速水健朗

2173 日本人のための日本語文法入門――原沢伊都夫

2200 漢字雑談――高島俊男

2233 ユーミンの罪――酒井順子

2304 アイヌ学入門――瀬川拓郎

2309 クール・ジャパン!? 鴻上尚史

2391 げんきな日本論――橋爪大三郎 大澤真幸

2419 京都のおねだん――大野裕之

2440 山本七平の思想――東谷暁

P